PRESS

C. A. PRESS

PODER DE MUJER

Mariela Dabbah es una galardonada autora, conferencista y consultora en temas de educación, carrera y búsqueda de empleo. Contribuye regularmente a nivel nacional en cadenas televisivas como Univision, Telemundo, CNN, en programas de radio y en numerosas plataformas online como AOL Latino, Huffington Post y Fox News Latino. Ha presentado en algunas de las mayores corporaciones y universidades norteamericanas y en 2009 Mariela lanzó Latinos in College, una organización sin fines de lucro para ayudar a aumentar el número de estudiantes latinos que se gradúan de la universidad. Vive en Nueva York.

Arturo Poiré es Sociólogo por la Universidad de Buenos Aires, MBA por la Universidad de New York y actualmente es vicepresidente y director global de administración de talento para Marsh & McLennan Companies. En 2006 fue coautor con Mariela Dabbah de *La ventaja latina en el trabajo: Aprovecha quién eres para alcanzar tus metas*. Reside en Nueva York desde 1996.

PODER

de

MUJER

Descubre quién eres para crear

el éxito a tu medida

Mariela Dabbah

C. A. PRESS
Penguin Group (USA)

C. A. PRESS

Published by the Penguin Group

Penguin Group (USA) Inc., 375 Hudson Street, New York, New York 10014, U.S.A.

Penguin Group (Canada), 90 Eglinton Avenue East, Suite 700, Toronto, Ontario, Canada M4P 2Y3
(a division of Pearson Penguin Canada Inc.)

Penguin Books Ltd, 80 Strand, London WC2R 0RL, England

Penguin Ireland, 25 St Stephen's Green, Dublin 2, Ireland (a division of Penguin Books Ltd)

Penguin Group (Australia), 250 Camberwell Road, Camberwell, Victoria 3124, Australia
(a division of Pearson Australia Group Pty Ltd)

Penguin Books India Pvt Ltd, 11 Community Centre, Panchsheel Park,
New Delhi – 110 017, India

Penguin Group (NZ), 67 Apollo Drive, Rosedale, Auckland 0632, New Zealand
(a division of Pearson New Zealand Ltd)

Penguin Books (South Africa) (Pty) Ltd, 24 Sturdee Avenue, Rosebank,
Johannesburg 2196, South Africa

Penguin Books Ltd, Registered Offices:
80 Strand, London WC2R 0RL, England

First published in 2012 by C. A. Press, a member of Penguin Group (USA) Inc.

10 9 8 7 6 5 4 3 2 1

ISBN 978-0-9831390-8-9
CIP data available

Printed in the United States of America

ALWAYS LEARNING   PEARSON

A mi mamá, Gabriela Abeles, a quien
tanto le debo de mi propio éxito

A mi amiga Susan, porque lleva años
apoyando mi carrera de escritora en
inglés tras bambalinas

A Arturo Poiré, porque sólo una
dedicatoria oficial le dejará en claro que
sus aportes siempre tienen un lugar
destacado en mi trabajo

Contenido

CONTENIDO

Tercera Parte:
¡Adelante! Viento en popa

"Todo pasa y todo queda
Pero lo nuestro es pasar
Pasar haciendo caminos
Caminos sobre la mar
(…)
Caminante son tus huellas el camino y nada más
Caminante no hay camino, se hace camino al andar
Al andar se hace camino, y al volver la vista atrás
Se ve la senda que nunca se ha de volver a pisar
Caminante no hay camino, sino estelas en la mar"

—*"Caminante no hay camino"*
de Joan Manuel Serrat
(basado en el poema del mismo
nombre de Antonio Machado)

Agradecimientos

Escribí este libro en tiempo récord respondiendo al *deadline* de mi editor con la ayuda de un gran número de personas. Empezando por mis dos maravillosas asistentes Cristina Pinzón e Irma Encarnación y por las personas que tan generosamente compartieron sus experiencias conmigo: Miguel Alemañy, Midy Aponte, Daisy Auger-Dominguez, Terri Austin, Lucía Ballas Traynor, Melissa Bee, George E. Borst, Jazmin Cameron, Vikki Campos, Martina Caracoche, Gilberta Caron, Martha Alicia Chávez Martínez, Juana Cruz Tollinchi, Carla Dodds, Esther R. Dyer, John Edwardson, Miriam Fabiancic, Mariel Fiori, Carol Franks-Randall, Ruth Gaviria, Liliana Gil, Anna Giraldo-Kerr, Rebeca Gómez Palacio, Michael P. Howard, Diane Librizzi, Susan Landon, Shirley Limongi, Frank Marrero, Catherine McKenzie, Christine Mendonça, Lina Meruane, Elizabeth Nieto, Miguel R. Olivas-Luján, Laureeen Ong, John Pout, Gloria Puentes, Beatriz Quezada, Shubha Ramaswamy, Michael I. Roth, Pamela Ravare-Jones, Will Robalino, Debora Spar, Michell Tollinchi-Michel, John B. Veihmeyer, Cristina Vilella, Blanca Rosa Vilchez, Janet Wigfield, Gloria Ysasi-Diaz.

Quiero agradecer en particular a María Celeste Arrarás, Ivonne Baki, Carolina Bayón, Nora Bulnes, María Antonieta Collins, Remedios Díaz Oliver, Dra. Aliza Lifshitz, Elvira Lindo, María Marín, Elena Poniatowska, María Elena Salinas, Roselyn Sánchez, y Cristina Saralegui por compartir de manera tan abierta sus propias experiencias en el camino al éxito y a la fama.

AGRADECIMIENTOS

Y especialmente a algunos amigos que hicieron que esas entrevistas fueran posibles: Beatriz Parga, Augusta Silva, Leylha Ahuile y Frank Marrero.

Tengo una gran deuda con quienes leyeron partes del manuscrito y me orientaron en áreas especificas: mi hermana, Paula Dabbah e Ingrid Ellicker, ambas psicoanalistas, y con Arturo Poiré y Elizabeth Nieto, que tuvieron la ardua tarea de leer todo el texto para darme *feedback*. Sé lo pesada que es esta responsabilidad y les agradezco a ambos por tomarse el trabajo y por hacerlo con tanto profesionalismo y cariño. Y a Arturo Poiré, mil gracias por los Rincones de Arturo en los que queda marcada tu poderosa impronta.

Gracias a mi agente James Fitzgerald por su confianza, a mi editor Erik Riesenberg por su entusiasmo y apoyo y a Andrea Montejo por su cuidadoso y profesional trabajo de edición.

Introducción

Escribo este libro con la esperanza de que no sea un típico libro de autoayuda que lees en busca de la poción mágica para cambiar algo de tu vida que no te gusta. Esos libros que lees con gran entusiasmo inicial y que pronto se evapora porque sabes que a ti no te funcionará la receta ya que tu caso es distinto. Lógico, no puede ser de otra manera. Tu caso es particular, sólo tú caminas en tus zapatos. Por eso, me gustaría que en lugar de leer estas páginas con la intención de imitar la fórmula que le dio resultado a otra persona, las leyeras con la intención de encontrar pistas que te puedan servir para armar tu propio camino. El que te sirva a ti y sólo a ti. Para eso, es necesario que estés abierta tanto a las ideas que te presento como a las voces de varias personas (la mayoría mujeres) y elijas como referencia aquellas que te resuenan, aquellas cuya jornada o estilo individual te llama la atención. Y que lo mismo hagas con las herramientas concretas que comparto contigo. Son estrategias y conceptos que me han funcionado a mí y a muchas mujeres que encontraron un camino exitoso que les da gran satisfacción y felicidad. Pero también es igual de importante que tomes los descubrimientos que hagas sobre tus deseos y tus objetivos con calma. A veces, cuando nos damos cuenta de pronto de lo que queremos nos entra la ansiedad del tiempo perdido y una rabia contra nosotros mismos. Para resarcirnos, intentamos saltarnos etapas y eso sólo nos lleva a una mayor frustración.

La idea es que puedas pensar en el éxito profesional y personal **más como un camino que como un destino**. El camino que cada uno se forja para experimentar aquello que lo satisface y obtener en el proceso aquello que desea. Es decir que si este libro te ayuda a descubrir qué quieres para ti profesionalmente también te ayudará a encontrar la manera de alinear tu deseo con las acciones que deberás llevar a cabo para cumplirlo. Esa misma alineación es un éxito y te dará una mayor satisfacción que la que obtenías antes cuando no sabías lo que querías de tu vida profesional.

Pero empecemos por el principio.

La palabra **éxito** deriva del latín *exĭtus*, que significa "salida". Y según el Diccionario de la Real Academia Española tiene las siguientes acepciones:

> ➢ Resultado feliz de un negocio, actuación, etc.
> ➢ Buena aceptación que tiene alguien o algo.

Y creo que si vamos a hablar del éxito es preciso hablar también de su opuesto, el fracaso ya que es difícil pensar en el uno sin el otro.

La palabra **fracasar**, deriva del italiano *fracassare*, que significa "ruptura, separación". El Diccionario de la Real Academia Española muestra estas acepciones:

> ➢ Dicho de una pretensión o de un proyecto: frustrarse.
> ➢ Dicho de una persona: tener resultado adverso en un negocio.
> ➢ Dicho especialmente de una embarcación cuando ha tropezado con un escollo: romperse, hacerse pedazos y desmenuzarse.

Para cada persona el éxito, la salida, (piensa que en inglés, "salida" se dice *exit*) ese resultado feliz, toma una forma diferente. Es una jornada en la que cada uno se embarca con su propio estilo singular. Cuando entendemos el éxito así, como encontrar un camino, una salida satisfactoria para cada uno, nos es posible alejarnos del par de opuestos éxito-fracaso que en el fondo genera una situación de "sin-salida" que nos deja angustiados. Por el contrario, cuando consideras el éxito como un destino (un objetivo a lograr) opuesto al fracaso (y considerando que sus parámetros están definidos por la sociedad, por tus padres, por tus colegas o por cualquier persona que no seas tú), si no llegas a ese destino, te quedas pegada al fracaso. Por ejemplo, en la sociedad norteamericana uno de los estereotipos más comunes es el que equipara el éxito con el **tener cosas materiales determinadas**: una casa, un auto, etc. Cuando quizá para ti sea mucho más satisfactorio vivir en la ciudad en un departamento alquilado, usar transporte público y tener la oportunidad de asistir a eventos culturales todas las noches. Pero si adhieres (como la mayoría de la gente) a la idea tradicional de éxito, aún cuando te sientas satisfecha y feliz con tu vida en la ciudad, continuarás luchando para comprar la casa en el suburbio.

Lucía Ballas-Traynor, co-fundadora de un nuevo sitio de Internet de Cafemom, que atenderá las necesidades de las madres hispanas, habla un poco de su propia definición de liderazgo y de éxito: "Nunca me voy a olvidar cuando una vez le dije a uno de mis jefes que sentía que como mujer la manera en que me trataban y el nivel de respeto que me tenían era diferente que el del *boys club*. Él me respondió: 'Cuando tú entras en un cuarto tienes tres cosas que te juegan en contra: eres mujer, eres latina y eres de baja estatura'.

"Siento que en nuestra industria los hombres construyen las reglas y nosotras debemos adaptarnos a su definición de liderazgo. Dejé un par de puestos porque no estaba dispuesta a hacer lo necesario para llegar al nivel siguiente, porque para continuar siendo fiel a mi misma, para mí es más importante mantener un balance entre mi vida personal y profesional que avanzar en mi carrera. Para muchos hombres el éxito siempre tiene que ver con el ego y el próximo ascenso y, dado que son el grupo en puestos de liderazgo, éste se basa en marcadores genéticos masculinos y yo sigo convencida de que aún cuando las mujeres avanzan y rompen con ciertas barreras, su consitución genética es diferente. A menos que redefinamos el concepto de liderazgo para abarcar a las mujeres, éste continuará siendo un mundo de hombres".

Cuando entiendes que el éxito es la salida que mejor le funciona a cada cual, tienes la posibilidad de sacudirte el estrés que provoca cumplir con objetivos que tú no has establecido para ti misma y que posiblemente ni siquiera te hagan feliz. Tal como hizo Lucía, que a lo largo de su carrera dejó ciertos puestos porque no coincidían con su definición de éxito.

¿Cómo funciona esto?

Si me sigues en una breve digresión me permitirás darte una idea de ciertos fundamentos en los que se apoya este libro.

Muy temprano en nuestras vidas —más precisamente, de recién nacidos— necesitamos identificarnos con alguien para que otro ser humano nos revele que existimos (sabrás, por ejemplo, que los bebés buscan una conexión con el cuerpo de la mamá, con su calor, su pulso, su mirada y, sobre todo en los primeros días, necesitan que los toquen, los acaricien y los acunen para desarrollar cualidades como la empatía). Esa identificación inicial necesaria para que otro te diga que existes, conlleva predeterminaciones que ese otro hace por ti. Tú misma como sujeto aún eres indeterminada dado que aún no has logrado tu propia identidad.

En el proceso de separarte de esas predeterminaciones es que llegas a ser un sujeto. Una vez que logras hacer esa separación, te abres a la posibilidad de aprender y crear. Si encuentras tu propio estilo, puedes seguir tu propio camino como sujeto con una identidad propia y no predeterminada por otros. Si no lo encuentras, seguirás por años (y a veces por toda la vida) atada a esas predeterminaciones heredadas.

Pero claro, que antes de que exista la posibilidad de hacer un camino propio (o de encontrar la salida de la que hablo en este libro) debe existir una ruptura, una separación de aquello con lo cual nos identificamos. Ese miedo a separarnos es el miedo al fracaso natural que todos sentimos de romper con los mandatos que nos vienen dados desde tan temprano. Ese temor a ser diferentes de lo que nuestras familias y ancestros tienen como ideales para nosotros, ese temor a ser diferentes de nuestros padres.

Considera lo siguiente: los niños quieren lo que quieren sus padres, sus abuelos o los adultos a su cargo. Todavía no tienen claro su deseo propio. Esta capacidad de identificar su propio deseo sólo es posible cuando se produce una *desidentificación* con la figura paterna/materna y sus deseos para nosotros. Este proceso de desidentificarse de esas figuras claves y de lo que ellas desean para poder identificar el deseo propio, es este fracaso inicial que da lugar a la posibilidad de construir una salida: *exit* → éxito. Es por que el fracaso no es en realidad una consecuencia sino un punto de partida.

Por ejemplo, imagina que tus padres siempre te empujaron para que fueras abogada y tú nunca lograste definir cuáles eran tus propios deseos (querías ser pintora) y por muchos años confundiste los tuyos con los de ellos. Te repetías: "quiero ser abogada, quiero ser abogada, cuando sea abogada habré conseguido el éxito". Automáticamente seguiste los pasos necesarios para graduarte de la facultad de derecho y empezaste a ejercer tu profesión. Tienes muchos clientes y eres buena en lo tuyo porque te has preparado por muchos años, pero por alguna razón no estás satisfecha con tu trabajo.

De a poco vas cobrando conciencia de que en realidad tú querías ser pintora y que los únicos momentos en que te sientes feliz es cuando vas a tu clase de pintura y las pocas noches en que tienes un rato para dedicarte a pintar. Un día, "te cae la ficha" y adviertes que en realidad nunca te interesó ser abogada sino que estudiaste tu carrera porque era el sueño de tus padres. Probablemente sentirás una mezcla de dolor por el tiempo perdido y alivio porque por lo menos ahora entiendes por qué no te da satisfacción tu trabajo aunque ganas bien y tienes una gran clientela. Te enfrentas con una ruptura que en un principio, es probable que te genere ansiedad y angustia.

En otras palabras y simplificando un concepto complejo, estás pasando por el proceso de desidentificarte de esas predeterminaciones que otros hicieron consciente o inconscientemente por ti. Únicamente al llegar a este punto de fracaso puedes iniciar un camino, puedes encontrar cuál es tu jornada. A veces, es necesaria la asistencia de un profesional para atravesar estos momentos, pero la idea de este libro es ofrecerte algunos elementos para que puedas primero identificar esas predeterminaciones, para luego trabajar en "desidentificarte", y finalmente construir tu éxito según tu propio estilo.

Para los efectos de este libro, voy a asumir que buscas una mayor satisfacción en el área profesional y que dentro de tu búsqueda figura lograr un reconocimiento tanto material como social de tus aportes profesionales. Voy a asumir que para lograrlo, estás dispuesta a reflexionar y a explorarte, así como a escuchar las historias de otras mujeres que han tenido trayectorias exitosas y que ocupan posiciones importantes dentro de sus industrias o áreas de interés. En este contexto, el éxito está marcado por la habilidad de tomar decisiones que afectan tu propio futuro y la capacidad de ejercer influencia para lograr objetivos personales y de grupo.

Claro que los parámetros que tomo al hablar de mujeres exitosas son los considerados por la sociedad capitalista en la que vivo, pero mi sugerencia para ti es que no te quedes atrapada tratando de reproducir la historia de alguna de ellas porque cada una llegó a su manera, como pudo, usando lo que tenía a su disposición. Cada una hizo su experiencia, algo que no se puede ni enseñar ni aprender. Tú tienes la tuya y yo la mía. Tú vives una experiencia de una manera y yo puedo vivir la misma experiencia de una manera totalmente distinta. Puedo contarte lo que me funcionó, y eso es precisamente lo que estas mujeres hicieron conmigo, pero a la hora de implementar algo en tu propia vida, debes armar tu historia singular con tu estilo y tus rasgos particulares sin angustiarte porque no puedes ser como esta o aquella persona.

> ### TU VOZ POR MEDIO DE LAS REDES SOCIALES
> "El éxito es gustarse uno mismo", Martina Caracoche por Facebook

Cuando pienso en las mujeres exitosas que conozco, ya sea que trabajen en grandes corporaciones, en organizaciones sin fines de lucro, en el sector público, que sean artistas o dueñas de sus propias compañías, todas tienen varias características en común:

- ➢ Sienten pasión por lo que hacen
- ➢ Derivan gran satisfacción de su trabajo
- ➢ Tienen la seguridad de que pueden lograr lo que se proponen (autoconfianza)
- ➢ Son ambiciosas y lo han sido desde pequeñas aunque no supieran que "eso" se llamaba ambición
- ➢ No le temen a los desafíos
- ➢ Han desarrollado una sólida red de contactos a lo largo de sus carreras

> Han tenido numerosas personas que las han apoyado, a menudo mentores y patrocinadores informales y formales
> Siguen su propia definición de éxito

La investigación apoya mis observaciones. En el libro *Successful Professional Women of the Americas*, co-escrito por Jo Ann Duffy, Suzy Fox, Ann Gregory, Terri R. Lituchy, Silvia Inés Monserrat, Miguel R. Olivas-Luján, Betty Jane Punnett, Neusa Maria Bastos F. Santos (Publicado por Edward Elgar Publishing Ltd., UK, 2006) los autores condujeron una amplia investigación sobre el tema del éxito y las mujeres en Latinoamérica, Estados Unidos y Canadá. Encontraron que entre las cualidades que compartían las mujeres exitosas estaban: la autoeficacia, o sea, la creencia de que uno es capaz de desempeñarse exitosamente en un campo específico; la creencia de que el éxito y el fracaso están más relacionados con las propias acciones que con factores externos; la preferencia por tareas que presentan un desafío pero que son posibles de lograr y requieren trabajo extra.

Al mismo tiempo, estos investigadores correlacionaron algunos valores culturales con rasgos de personalidad de estas mujeres y descubrieron que, a pesar de algunas diferencias entre las diversas naciones, en rasgos generales, en todos los países estudiados las mujeres exitosas:

> Eran moderadamente individualistas. Esta es una característica típica de países como Estados Unidos a diferencia del enfoque colectivista más propio de países en Latinoamérica.
> Tenían una moderada aversión al riesgo en comparación con la tendencia latinoamericana a tener una alta aversión al riesgo. Esto difiere de lo que ocurre en los Estados Unidos donde la gente tiende a asumir más riesgos.

➤ Tenían poca aceptación del llamado *"power distance"*, la idea de que el poder es un derecho que viene dado por alcurnia. Estas mujeres exitosas se distinguen en esto de otras mujeres de la región ya que en la mayoría de los países latinoamericanos la tendencia es a aceptar las limitaciones de la posición social de cada uno y como consecuencia, en esos países suele haber poca movilidad social. Distinto a Estados Unidos donde la expectativa es que cualquiera puede ser exitoso sin importar en qué familia haya nacido.

La idea de este libro no es hacerte sentir que debes mejorar, cambiar, o adquirir lo que no tienes sino darte algunas distinciones que te ayuden a realizar tus propios objetivos. A lo largo de estas páginas podrás elegir lo que te sirva para cumplir tus propósitos y dejar de lado lo que no. Mi propuesta es que cuanto más conciente estés de lo que quieres y lo que vales, cuanto más advertida estés de tus fortalezas, tus debilidades, tu estilo y lo que proyectas, más posibilidades tendrás de atraer eso que deseas y conseguir tus objetivos. Dentro de este proceso de introspección, en este libro hablaremos de rasgos de personalidad y rasgos culturales que pueden ser modulados de acuerdo a diversas situaciones y medios ambientes en los que te encuentres como si pudieras aumentarles y disminuirles el volumen.

Con frecuencia cuando presento frente a grupos de empleados en grandes corporaciones norteamericanas, alguien pregunta: "Pero ¿por qué tengo que dejar de ser quien soy para ir a trabajar? ¿Por qué no puedo mantener mi personalidad y mi cultura?".

La respuesta es compleja. Por un lado, te han contratado por ser quien eres, por saber lo que sabes, y por el potencial que tienes. La idea no es que abandones quién eres y te transformes en otra persona, sino aprovechar tu punto de vista único, formado en parte por tu ascendencia cultural, para enriquecer a la compañía, organización o industria en la que te desempeñas. Pero siempre que un grupo grande de individuos se junta, ya sea para trabajar o divertirse, cada uno hace concesiones para fomentar el buen funcionamiento del grupo. El secreto es que esas concesiones no comprometan tu identidad y que aproveches quién eres para lograr tus objetivos.

Piensa lo siguiente: si estuvieras en Japón y fueras a tomar el té a la casa de una familia local, seguramente te quitarías los zapatos al entrar, pues todo el mundo en Japón tiene esta costumbre. Y seguro que no sentirías que estás dejando de ser tú misma por llevar a cabo este gesto, sino que sentirías que estás respetando ciertas costumbres del lugar y ajustándote a las circunstancias. En el mundo laboral ocurre algo similar. Si tu estilo de comunicación es excesivamente apasionado, te resultará complicado comunicarte con los ejecutivos que por lo general favorecen estilos más analíticos y calmados. Si logras bajar un poco el volumen de tu estilo, pero mantienes la pasión que te anima, tendrás muchas más oportunidades de sentarte a la mesa con quienes toman las decisiones.

Antes de seguir, quiero darle crédito a Lucía Ballas-Traynor que acuñó la expresión "modular" usada como la ves más arriba cuando, siendo directora de *People en Español*, encargó el estudio llamado HOT del 2010 para estudiar cómo la mujer latina ajustaba la temperatura cultural (siendo más o menos "latina") según el rol o el papel que debe jugar.

Y como este libro intenta guiarte hacia lugares normalmente ocupados por hombres, creo que es importante hacerle lugar a la voz de Arturo Poiré, un hombre que por los últimos años ha trabajado incansablemente para abrir puertas a mujeres y diversos grupos en algunas de las más grandes corporaciones norteamericanas.

INTRODUCCIÓN

A lo largo de este libro encontrarás El rincón de Arturo Poiré, donde iré compartiendo contigo partes de mi larga conversación con este querido amigo y co-autor de *La ventaja latina en el trabajo*. Arturo ofrece un punto de vista valioso y sabio dada su formación como sociólogo, su título de MBA y su experiencia en recursos humanos como alto ejecutivo en Citigroup y actualmente como Vicepresidente y Director Global de Administración de Talento para Marsh & McLennan Companies.

Te invito a que iniciemos el camino.

PODER
de
MUJER

Primera Parte

Comprender de dónde vienes y hacia dónde vas

Capítulo 1

¿Qué tienen en común
las mujeres exitosas?

Hablan las famosas: Roselyn Sánchez

Nacida en Puerto Rico, Roselyn Sánchez inició su carrera muy temprano como modelo y se mudó de muy joven sin sus padres a los Estados Unidos en busca de oportunidades. Fue la primera latina en participar en la telenovela *As the World Turns* de la cadena televisiva CBS. Luego de varios papeles menores en televisión y cine, se convirtió en una celebridad al coprotagonizar *Rush Hour 2* con Jackie Chan y Cris Tucker. Roselyn ha obtenido un Emmy por su participación en la serie *Without a Trace* de CBS. En este momento está grabando dos películas en donde protagonizará a dos mujeres excepcionales: Rosa Helena Fergusson, la maestra que le enseñó a leer a Gabriel García Márquez, (basada en el libro *La Maestra y el Nóbel* de Beatriz Parga), y Doña Felisa Rincón de Gautier, la alcaldesa de San Juan Puerto Rico que fue reelegida cinco veces.

P: *¿Cómo fue el proceso de irte de Puerto Rico para seguir tus sueños de estudiar actuación en Nueva York? ¿Quién te impulsó, qué conflictos te produjo con tus padres, cómo fue esta experiencia como mujer?*

R: El proceso de irme de Puerto Rico a los 21 años fue espontáneo pero a la vez pensado desde pequeña. Siempre tuve la inquietud de desarrollarme en las artes y confieso que siempre me visualicé fuera de Puerto Rico. Ahora bien, mi país es hermoso, mi familia y mis buenas amistades están allá. Tuve una niñez completamente normal, estudié la universidad en Puerto Rico, trabajé para un canal de televisión allá, así que todo indicaba que mi vida profesional sería en la isla. Pero una vez que gané un certamen de belleza en Estados Unidos representando a Puerto Rico decidí impetuosamente seguir mi sueño y mudarme a Nueva York para estudiar Teatro Musical.

La decisión fue impulsiva pero a la vez bien clara. Al principio mis padres no estaban de acuerdo porque querían que terminara mi universidad, pero ya mi mente estaba decidida y me fui. Al principio fue bien difícil ya que Nueva York es una ciudad que, aunque dinámica y maravillosa, puede ser un monstruo para una chica joven, inocente, que no dominaba el inglés y sólo estaba guiada por su ángel y un gran sueño.

Mi experiencia como mujer fue de mucho crecimiento. Aprendí en tres años lo que no había aprendido en 21. Fue una grata sorpresa el saber que podía enamorarme de la idea de ser independiente. De apostar por mí…

P: *¿Qué enseñanzas en Puerto Rico te prepararon para una vida frente al público? ¿Qué consejo de tu madre te motivó a alcanzar tu objetivo?*

R: El consejo más valioso fue el de mi madre cuando me dijo; "Nunca permitas que nadie nunca te corte tus alas". Siempre uso ese pensamiento y valioso consejo como mi norte. Un amigo me dijo una vez: "Si yo tuviera la oportunidad de vivir en Nueva York nunca descansaría, hay tantas opciones Roselyn, tantas cosas que hacer, tanta cultura… aprovecha cada segundo".

La enseñanza más linda que aprendí de mi país fue el patriotismo. El sentirme orgullosa de decir a todos y donde quiera que esté, "Soy puertorriqueña". Somos un país muy orgulloso de nuestras raíces y nuestro talento.

P: *¿Qué es el éxito para ti? ¿Qué te da satisfacción, cómo encuentras el balance para continuar creciendo sin que el éxito te enloquezca?*

R: Para mí lo mas valioso que me da el éxito es la plataforma y el poder de convocatoria para poder ayudar. Me encanta el trabajo filantrópico que he tenido la dicha de hacer gracias a la oportunidad que me ha dado Dios de ser reconocida. Me abre las puertas más rápido cuando se me ocurren ideas y las logro implementar. A mí me encanta mi profesión, actuar/cantar/bailar me apasiona y no me imagino haciendo otra cosa, pero lo más rico de esta carrera es poder ayudar y hacerlo con amor.

P: *¿Qué estás aprendiendo de las mujeres a las que interpretarás en la pantalla grande?*

R: De las mujeres que interpreto aprendo a tener fortaleza. Siempre he dado vida a latinas educadas, independientes, inteligentes y fuertes de carácter. Me encanta que son personajes tridimensionales y es cheverísimo hacer la asignación de crear a una mujer estudiando el material y brindándole características de mujeres que admiro.

P: *¿Hubo alguna época en que quisiste renunciar a tu sueño? ¿Quién te ayudo a mantenerte focalizada en tu objetivo?*

R: Nunca he querido renunciar a mi sueño aunque confieso que hay momentos que cansa tanto rechazo y la constante lucha de que reconozcan el potencial que una piensa que tiene. Ahora bien, soy una persona muy perseverante y segura y no me gusta que me digan "no". Me lo pueden decir cien veces pero tengo la certeza de que un "sí" llegará pronto.

Tengo el favor de Dios y el que lucha siempre obtiene la victoria, aunque no sea de la manera que queríamos. Yo no me puedo quejar, siempre he sido bendecida con trabajo, cariño de la gente y admiración de mis seres queridos, amigos y seguidores.

Te has preguntado alguna vez ¿cómo se llega a ser una actriz famosa? ¿Presidenta de un país o de una corporación multimillonaria? ¿Cómo son las mujeres que acaban dirigiendo las mayores fundaciones, o dando trabajo a cientos de personas en sus propias compañías, o siendo célebres artistas? ¿Cuál es el secreto de las mamás que tienen trabajos de alta responsabilidad e hijos a los que adoran y parece que pudieran hacer todo con la misma facilidad?

Las veces que me han hecho la pregunta: "¿Qué características tuyas crees que son responsables por tu éxito?", suelo responder con adjetivos que en realidad comparten todas las personas que son exitosas en lo que hacen: soy perseverante, no me doy por vencida fácilmente, soy positiva, confío en mí misma…

En este capítulo voy a explorar un poco este tema pero parto por aquí porque me gustaría que pienses que probablemente tú tengas muchos de estos mismos rasgos o no estarías leyendo un libro sobre éxito. El secreto es reconocer que tienes esas características y encontrar la manera de canalizarlas para que apoyen tus metas.

La voz de la experiencia

"En el año 2010 en el HOT Study (Hispanic Opinion Tracker) les pedimos a las latinas que definieran 'éxito' y ellas mencionaron la palabra 'dinero' mientras que las mujeres del mercado general también nombraron la palabra 'feliz'. Creo que en parte es porque las latinas son jóvenes, orientadas a la profesión y la mayoría se siente feliz de tener una carrera. Pero una vez que has estado trabajando por un tiempo (y las mujeres anglosajonas llevan dos o tres generaciones en la fuerza laboral) te das cuenta de que el éxito no es sólo tener dinero y un título sino también ser feliz. Para mí es una combinación de la etapa de mi vida y el hecho de que defino el éxito de una manera diferente que los hombres", cuenta Lucía Ballas-Traynor, co-fundadora de un nuevo sitio de Internet de Cafemom.com que atiende las necesidades de las madres hispanas.

Lo que las mujeres exitosas no tienen: Miedo

Para muchas de nosotras la lista de temores con la que hemos crecido y que aún conservamos es más larga que el río Mississippi. Claro que a veces ni siquiera somos concientes de ellos.

Para refrescarte la memoria, mira la lista y fíjate si en algún momento de tu vida has sentido uno o más de estos temores:

- Al fracaso
- A defraudar a tus padres (a ambos o a uno de los dos)
- Al éxito
- A no estar a la altura de las expectativas
- Al rechazo de tu familia una vez que tengas éxito (educativo, económico)
- A superar el nivel educativo de tu madre o de tu padre
- A alejarte físicamente de tu familia
- A no poder balancear tu vida personal y profesional
- A hablar en público
- A hablar de tus logros y parecer presumida
- A pedir lo que quieres (sin esperar que los demás lo adivinen)
- A no estar 100 por ciento preparada para una oportunidad maravillosa que te ofrecen
- A desear cosas materiales cuando en tu crianza se reforzó el desapego a lo material

Claro que en esta lista hay una mezcla de miedos estructurales (como el miedo al éxito o a defraudar a tus padres) y otros más circunstanciales que incluso, según algunos puntos de vista, ni siquiera calificarían como miedos reales, por ejemplo el temor a pedir lo que quieres.

A mi me tomó muchos años superar algunos de estos temores y con otros, continúo luchando a diario. Crecí en Argentina en una familia bastante acomodada y bastante tradicional. Mi papá, traumatólogo y mi mamá, maestra jardinera con nueve materias menos de las necesarias para recibirse de psicóloga. Cuando tuvo a mi hermano mayor, abandonó su carrera y ya no trabajó más hasta años más tarde cuando empezó a gerenciar algunos locales de ropa masculina que pertenecían a mi familia y nos demostró a todos que esa increíble energía, capacidad organizativa y buen trato que siempre había usado en la casa y en el ámbito social, la convertían en una excelente gerenta, querida y respetada por sus empleados, proveedores y clientes.

Pero este cambio en su actitud respecto de su carrera llegó tarde para servirme de modelo. Durante mi adolescencia y primera juventud, uno de mis mayores temores fue superar a mi mamá completando mis estudios universitarios. Me acuerdo como si fuera hoy lo que me costó rendir los últimos exámenes para graduarme. Para mí, obtener ese título era como traicionar a mi mamá que había abandonado su carrera universitaria faltándole unos pocos créditos, para dedicarse a sus hijos.

El otro gran temor de esa época fue a no encontrar mi propio lugar como mujer independiente de un hombre que me mantuviera (el sueño que mi papá tenía para mí) y cosechar mis propios éxitos para salir de abajo de su sombra ya que él siempre tuvo un perfil bastante alto.

Superé el primer temor reconociéndolo y aceptando mi responsabilidad y, sobre todo, entendiendo que terminar la universidad era la mejor manera de honrar lo que yo quería para mi futuro.

El segundo me tomó muchos más años superarlo. Si bien no tener modelos para seguir suele ser un lugar mucho más difícil para que los hijos salgan adelante, a muchos hijos de personas reconocidas también les resulta difícil salir de abajo de la sombra de sus progenitores y marcar su propio rumbo. Cuando la identidad de uno se forma en relación a un padre exitoso pareciera que queda poco espacio para armarse un nombre propio. Como si hubiera muy poco que yo pudiera hacer para convertirme en mi propia persona, con mis propios logros, valores y sueños. Y sobre todo, sin depender de que mi nueva identidad me la aportara mi esposo.

Es probable que algunos de estos temores sean historia antigua para ti. Pero también es bastante probable que aún sufras varios de ellos ya sea en forma conciente o inconciente.

Sin embargo, la razón por la cual empecé este capítulo hablando de aquello que las mujeres exitosas no tienen, es porque de alguna manera han superado estos miedos o han girado la perilla del volumen para bajar la incidencia negativa de los temores o inseguridades en su vida. Esto no quiere decir que no sientan inquietud frente a lo desconocido, o a no rendir al nivel de las expectativas que otros tienen de ellas, o que cada tanto no se encuentren con que les incomoda pedir más dinero del que les ofrecen, sino más bien que usan esa inquietud como estímulo para prepararse, tomar riesgos calculados y lanzarse a la próxima aventura. Y también, que son concientes de estos temores y buscan ayuda profesional para continuar derribándolos cuando aparecen. De alguna manera todas las mujeres a las que entrevisté han desandado el camino de las predeterminaciones y han encontrado su propio estilo. En palabras de la psicoanalista argentina Ingrid Ellicker, "consideraron lo que vivieron hasta el presente como destino y lo que va hacia el futuro como libre albedrío".

El poder del lenguaje

En general, los temores estructurales tienen su origen en nuestras relaciones con nuestros padres y en experiencias que vivimos de niños y adolescentes. Ahora, de adultos, estamos condicionados por nuestra historia a creer que aquello que tememos es tan real como la silla donde estás sentada.

Pero piensa lo siguiente: cuando el temor al fracaso te paraliza e impide que tomes decisiones, a menos de que tengas una parálisis física, estás principalmente paralizada en el lenguaje. Nadie te ató las piernas con una soga y luego ató la soga a una piedra para que no puedas moverte. La expresión "estoy paralizada" no es más que eso: una expresión con dos palabras. Y esa expresión (o cualquier otra: "estoy trabada", "no puedo hacerlo", "tengo miedo") son en gran parte responsables de que sigas en el mismo lugar año tras año cuando en realidad quisieras estar en otro lado. Esto es una muestra del enorme poder del lenguaje no sólo para describir una situación, objeto o persona, sino para crear estados, eventos y situaciones.

Te doy otro ejemplo. Cuando arreglas para almorzar con alguien, estás creando un compromiso, un evento que no existía hace unos minutos. Lo estás creando en el lenguaje. Si no cumples con la cita, tu comportamiento tendrá consecuencias. Si faltas a tus compromisos varias veces, tu reputación sufrirá porque la gente considerará que ¡no tienes palabra!

Con los temores pasa algo similar. Primero las circunstancias que has vivido y luego tus palabras, han creado una realidad. Tienes realmente temor a fracasar (y lo más probable es que esté relacionado con el temor a hacer algo distinto de lo que otros esperaban de ti, algo que te separe de esa idea, que genere una fractura con aquello con lo cual te identificas). Lo sientes en el estómago cada vez que inicias un proyecto para el que no te sientes preparada. Lo bueno es reconocer que esa realidad la han creado otros para ti y que tú tienes la capacidad de crear otra realidad más acorde con tus propios desesos. Puedes empezar a decirte a ti misma y a quienes te rodean: "Me encantan los desafíos. Sé que lo puedo hacer", y así de a poco, crear con el lenguaje una realidad más apropiada a tus aspiraciones. En el próximo capítulo hablaremos más en detalle de este tema.

♥   ♥   ♥   ♥   ♥

Cómo sacudirte los temores que te paralizan

Si por años has cargado con algún temor que te paraliza a la hora de aceptar una prometedora oportunidad, el inevitable primer paso es identificarlo. Recuerda lo que te comenté en la Introducción: sólo teniendo conciencia de con qué estás identificándote, puedes luego desidentificarte, separarte de eso.

Mira de nuevo la lista que incluí al principio del capítulo y pon una cruz al lado de los temores que has experimentado o aún sientes. Luego agrega cualquier otro que tengas y que no figure en mi lista.

El segundo paso es "desidentificarte" de esos mensajes. Dejarlos caer. Es posible que para sacudirte de encima ciertos mensajes necesites un apoyo terapéutico o de otro tipo de *coaching*.

Por ahora, obsérvalos y reflexiona. Es decir, no sólo *pienses* en cada temor en particular, sino reflexiona. Mírate, analízate, piénsate a través del prisma de ese temor. Siente cómo se vuelve sobre ti ese miedo tan antiguo.

Empieza dando pequeños pasos para romper con viejos temores. Si tienes miedo al fracaso, ofrécete a llevar a cabo algo a lo que normalmente te rehusarías. Experimenta el proceso de investigar un nuevo tema, de relacionarte con personas ajenas a tu círculo habitual, y de capacitarte en un área distinta. A medida que vayas ganando confianza, puedes ir tomando riesgos mayores.

Cada vez que te abrume alguno de tus temores, desarma la expresión en palabras, analízalas, y analízate, estudia tu reacción frente a esa situación y reconoce que si puedes encontrar nuevas palabras para hablar de esa situación, de a poco podrás crearte una nueva realidad. Y ten presente las palabras de Ingrid Ellicker: trata de considerar que el destino (lo que heredaste de tu familia, tu conexión hacia atrás) es el pasado y que tu futuro está en tus manos; que puedes usar tu libre albedrío para determinar qué camino te atrae.

♠ ♠ ♠ ♠ ♠

Visión de futuro

Sigamos por lo que sí tienen esas mujeres que nos inspiran. Más allá de la lista que te di en la Introducción, estas mujeres tienen una visión de sí mismas en el futuro. Saben lo que quieren y están activamente involucradas en hacérselo saber a otros y en conseguirlo. Tienen plena conciencia de que cada decisión impactará su futuro y la toman con cuidado. Luchan por alinear sus acciones con sus propios deseos (y te enfatizo "propios" porque son diferentes que los deseos que otros pueden haber tenido para ellas).

Yo te pregunto: ¿Quién sueñas ser en cinco años, diez años, veinte años? ¿Cuál quieres que sea tu legado? ¿Cuál es tu sueño personal, el que tú tienes para ti misma, no el que otros soñaron para ti?

La verdad es que este no es un ejercicio al que estemos acostumbradas muchas de nosotras. Por dos razones. Primero porque de niña, si tu familia te empujó a estudiar, lo más probable es que te hayan orientado hacia alguna de las carreras tradicionales, a que siguieras el negocio familiar o, como a mí, a que estudiaras cualquier cosa pero que estudiaras. En otras palabras, tus padres, tus abuelos, tus tíos te empujaron a que cumplieras con los deseos que ellos tenían para ti. Con los ideales que tal vez ellos mismos no pudieron realizar y que pasaron como una cadena hacia la generación siguiente.

12

En mi casa, como en la de muchas familias profesionales, no había opción de ir o no ir a la universidad. La única opción era qué quería estudiar. Lo notable fue que mi hermano mayor no tuvo esa opción. El tuvo que seguir la misma profesión que mi papá y en contra de su deseo de ser piloto de aviación, se recibió de cirujano ortopédico (un ejemplo parecido al de la abogada de la Introducción).

Mi hermana menor y yo pudimos elegir nuestras carreras no porque de pronto mi papá se hubiera vuelto más flexible, sino porque como mujeres (y en esa época) él esperaba que nos casáramos y contáramos con maridos que nos mantuvieran, lo cual no deja de ser un mandato claro del cual me tomó años separarme. Por eso, le resultaba irrelevante qué carrera decidíamos estudiar nosotras. Es cierto que las cosas han cambiado un poco desde entonces, pero en Latinoamérica no tanto. El concepto de ayudar a que los hijos exploren diversas opciones profesionales, a que sueñen con quiénes quisieran ser de adultos no está suficientemente expandido.

La segunda razón por la cual tal vez no tengas en claro qué quieres para ti es que en Latinoamérica estamos poco acostumbrados a planificar. En general, la inestabilidad e incidencia de lo inesperado en la región hace que pocas personas criadas ahí tengan la costumbre de planificar a mediano y largo plazo.

TU VOZ POR MEDIO DE LAS REDES SOCIALES

"Me encantaba la astronomía y siempre soñaba con ser astronauta. Cuando salió la película *Space Camp*, lo único que me interesaba hacer era ir a Florida al Campamento Espacial. Pero, el dinero siempre fue un problema y por eso nunca fui. Hasta el día de hoy me azoro cuando hay una misión del Trasbordador Espacial y trato de ver los despegues y aterrizajes en la tele. Mira, ¡que hasta sigo a algunos astronautas en Twitter!", comenta Shirley Limongy, por LinkedIn.

En cambio, en un país estable y con una economía capitalista como los Estados Unidos donde existe una fuerte equiparación de éxito y obtención de bienes materiales, donde hay un alto nivel de competitividad, hay un fuerte incentivo para la planificación y para la realización individual de los sueños. A los niños y adolescentes se los expone desde temprano a opciones profesionales variadas por medio de programas en las escuelas y después del horario escolar. En particular, los padres anglosajones de clase media incentivan a sus hijos a que sueñen, exploren y descubran intereses y sus vidas están más o menos planificadas desde el jardín infantil hasta que se gradúan de la universidad y, por supuesto, una vez que inician sus carreras continúan con sus objetivos profesionales.

La mayoría de las mujeres líderes a quienes entrevisté, independientemente de dónde hayan crecido, ha tenido este tipo de experiencia. Un padre, una madre, una abuela o un abuelo que las ha empujado a pensar en un futuro exitoso, a perseguir sus sueños por medio de la educación, a involucrarse en áreas por las cuales sientan interés y pasión.

Si no lo has hecho hasta ahora, te invito a que lo hagas. Tómate unos minutos para empezar a imaginarte cómo quieres verte en el futuro.

Spa para el espíritu

Prepárate un cafecito y siéntate en algún lugar con buena vista. A mí me gusta la vista del río Hudson cerca de mi casa, pero puedes hacerlo en un parque, en la playa o en el piso veinticinco de un edificio con una vista espectacular de tu ciudad. Obviamente, todo dependerá de dónde vivas y de tu creatividad para acceder a ese lugar inspirador.

Mira ese paisaje hermoso que tienes enfrente, haz varias inhalaciones y exhalaciones, desenchúfate del trabajo y de las preocupaciones y deja tu mente flotar. No la fijes en ningún punto específico.

Luego empieza a enfocarte en tu sueño. ¿Cómo te ves en 5 años? ¿Adónde te gustaría llegar en tu carrera? ¿Qué estilo de vida te daría satisfacción? ¿Qué tipo de influencia te gustaría tener?

A medida que vas armando la idea de esta mujer en el futuro, trata de imaginarte todos los detalles: tu casa, tu familia, el tipo de actividades laborales que realizas, el lugar geográfico, tu oficina, tus empleados, etc. Cuanto más detallado sea tu sueño, mejor.

Es probable que tengas que repetir este ejercicio varias veces hasta que tengas cierta claridad respecto de lo que deseas. A veces, llevamos tanto tiempo desconectadas de nuestro deseo (o tal vez jamás te hayas planteado esta pregunta) que nos cuesta distinguir qué es lo que realmente deseamos nosotras y qué quieren otros de nosotras. No dejes que los miedos te bloqueen.

Cuando sientas que lograste redondear la imagen que se ajusta a tu deseo más íntimo, escríbela en un papel para que de tanto en tanto puedas volver a ella y asegurarte de que tus decisiones están acercándote a tu sueño.

También es importante que aprendas a verbalizar este deseo para que tus jefes y otros colegas puedan ayudarte a cumplirlo.

♠ ♠ ♠ ♠ ♠

Soñando tu futuro

No sé cuánto crees en el impacto de la visualización porque a veces, un tema se pone de moda y los conceptos se simplifican al punto de que el resultado se diluye por completo. Algo de esto ocurrió en los últimos años con la publicación de libros como *El Secreto* de Rhonda Byrne (Atria Books, 2006) y la posterior comercialización del tema de la ley de atracción.

La voz de la experiencia

"Desde chica siempre fui ambiciosa. Ya desde primer grado me preguntaban qué quería ser cuando fuera grande y yo comunicaba con mucha claridad que quería ser diplomática para poder ayudar a que los países se comunicaran y progresaran para beneficio de su gente. Creo que mi cultura tuvo un gran impacto en mi ambición dada la ética de trabajo que se le inculca a la mayoría de los argentinos. Mi deseo o ambición de convertirme en diplomática también estuvo influenciado por haber visto el caos social que resultaba de conflictos políticos. Y aunque no sea diplomática en el sentido de política gubernamental, siempre actué como una en mi carrera, estableciendo relaciones entre las partes interesadas para el beneficio de la organización y el público que servía", comparte Carla Dodds, Senior Director, Multicultural Marketing, Walmart Stores.

En realidad hay cientos de experimentos científicos que avalan la conexión entre nuestra intención y los resultados que obtenemos. Pero están lejos de ser el tipo de ejercicios sexy que a la gente le llaman la atención. Es decir, no han probado que si te sientas a pensar que quieres un millón de dólares, el dinero aparecerá como por arte de magia en tu caja fuerte. No. Son experimentos mucho más sutiles en que los científicos miden la influencia de los seres humanos sobre los resultados naturalmente azarosos de una máquina o sobre bacterias, plantas, sanación de heridas, etc. Estas máquinas llamadas RNGs *random number generators* o generadores de números al azar, son usadas por científicos de todo el mundo para estudiar la existencia de facultades como la telepatía, visión a larga distancia y otras. Desde hace más de diez años, la Universidad de Princeton lleva a cabo el *Global Consciousness Project* (Proyecto de Conciencia Global) http://noosphere.princeton.edu en el cual estas máquinas generadoras de números al azar, "tiran al aire una moneda" para ver si da cara o seca, doscientas veces por segundo. La hipótesis que están intentando corroborar es que existe una conciencia universal que se extiende por toda la Tierra y que cuando ocurren eventos significativos como el atentado terrorista del 11 de septiembre o el Tsunami del Océano Índico, estos generadores muestran patrones que no deberían existir en secuencias al azar.

Si te interesa el tema, puedes explorar varios libros[1] o entrar a www.theintentionexperiment.com y formar parte de los numerosos experimentos globales de intención que Lynne McTaggart, autora del libro *The Field*, (Harper Collins, 2001) lleva a cabo todos los años.

Lo que estos estudios demuestran es que cuando enfocas tu atención en tu intención puedes obtener resultados increíbles. Y para los efectos de lo que estamos discutiendo aquí, esto se traduce así: si puedes definir quién eres y a dónde quieres llegar y logras verte en el futuro con todos los detalles del caso, podrás concentrar tu atención en hacer lo necesario para llegar a ese lugar, y para conocer a las personas que pueden apoyarte en el camino. Podrás alinear tus palabras y tus acciones con esa intención. Todo lo que hagas tendrá consistencia y proyectará una imagen uniforme de quién eres y qué buscas, lo cual comunicará a otros las maneras en que pueden ayudarte a cumplir ese propósito de vida. Y aunque no lo creas, atraerás hacia ti lo que anhelas como si fueras un gran imán.

Uno de los fenómenos que se da en la naturaleza es que los organismos más coherentes tienden a influenciar a los menos coherentes. Es decir que si tú practicas disciplinas como la meditación, el yoga, artes marciales o cualquier otra que te ayude a centrarte, tendrás mayor habilidad de impactar a otras personas que tienen la

1. *A New Science of Life/Morphic Resonance*, Rupert Sheldrake, Ph.D., Icon Books, 2009.
The Tao of Physics, Fritjof Capra, Ph.D., Shambhala Publications, 1999.
Space, Time and Medicine, Larry Dossey, MD, Shambhala Publications, 1982.
Molecules of Emotion, Candace Pert, Ph.D., Scribner, 1997.
The Quantum Doctor, Amit Goswami, Ph.D., Hampton Roads, 2004.

energía dispersa. Tal vez lo hayas notado en alguna ocasión, cuando estuviste en presencia de seres como el Dalai Lama, un maestro de yoga, un chamán, algún trabajador de Reiki o algún ser profundamente espiritual. ¿Recuerdas cómo toda la energía del salón cambió cuando esa persona apareció? Es fascinante ver el efecto que estos seres tienen sobre los demás. Pues en gran parte, esa calma, esa serenidad que trasmiten viene de tener un alto nivel de coherencia interna, es decir, de tener energía centrada y una intención clara. En el caso de la mayoría de estos individuos, su intención se relaciona con alcanzar un estado de paz espiritual, la unidad con el todo, la trascendencia, etc. Pero de ellos puedes aprender que al ordenar tu energía, ordenas tus pensamientos, tus decisiones y tus acciones, todo lo cual conspira para atraer hacia ti lo que anhelas.

La voz de la experiencia

Cristina Vilella, directora de marketing de McDonald's USA, nacida en Puerto Rico, usa la visualización con gran eficacia. "Yo visualizo mis objetivos. Miro de aquí a 5 y 10 años y luego armo un hilo conductor a la posición que tengo hoy para planificar qué pasos debo seguir. Pero como hay muchos caminos para llegar al mismo lugar, hay que ser flexible porque a veces tienes que dar un paso hacia atrás para dar otro más grande hacia adelante. Y para esto me ha ayudado mucho algo que me decía mi papá. Como mi cerebro trabaja analizando una decisión desde tantos ángulos, a veces llegaba un punto en que me trababa. Él me enseñó que debo confiar también en mis instintos porque la decisión que estoy tomando es para el próximo paso, no para toda la vida. Saber eso, me liberó".

De las numerosas mujeres con las que hablé mientras escribía este libro, algunas como Terri D. Austin, Vice Presidenta y Chief Diversity Officer de McGraw Hill Companies, usan un mecanismo de visualización que incluye poner sus objetivos por escrito. "Visualizo mis aspiraciones de largo plazo y luego anoto en un papel los pasos que debo cumplir en el corto plazo para alcanzar esos objetivos. Por ejemplo, uno de mis objetivos profesionales es ser corresponsal de prensa. Mi primer paso en relación con ese objetivo es publicar un libro sobre diversidad e inclusión que me ayude a establecer una mayor credibilidad en la industria".

Otras, como Lucía Ballas-Traynor, ex directora de la revista *People en Español*, nacida en Chile, visualizan sus aspiraciones en forma interna. "Yo no escribo mis objetivos. Los tengo en la cabeza, se cuál es el plan. Por ejemplo, en el momento en que me contrataron para mi puesto yo sabía que si en tres años no lograba cumplir con ciertos hitos que yo misma me había propuesto, me buscaría otro trabajo. Pero no escribo mis objetivos, los visualizo". O como Daisy Auger-Domínguez, Managing Director de Executive Search Initiatives en Time Warner Inc., nacida en la ciudad de Nueva York y criada en la República Dominicana, primero visualiza internamente lo que quiere y luego explora sus opciones: "Pongo a prueba mis ideas con colegas, amigos, familiares y mentores compartiéndolas de a pedacitos, manteniendo el tema amplio y confidencial hasta que vea con mayor claridad hacia dónde quiero ir. En el fondo estoy abierta a las posibilidades".

Cualquiera que sea el método que te sirva, lo importante es que definir tus aspiraciones (ya sea por escrito, verbal o mentalmente) aumenta la probabilidad de que se hagan realidad porque te dan una claridad que se trasmite a tus decisiones y por ende a tus acciones. Es fundamental que te mantengas abierta a las posibilidades, como dice Daysi, pero si no tienes claro hacia dónde te diriges, te arriesgas a sufrir un número innecesario de desvíos. Si recuerdas el diálogo entre Alicia y el Gato en *Alicia en el País de las Maravillas*, el famoso libro de Lewis Carroll, verás con claridad el conflicto con el que te enfrentas cuando no tienes certeza acerca de tus objetivos. Aquí te lo traduzco.

—Me podría por favor decir en qué dirección tengo que ir desde aquí? —pregunta Alicia.

—Eso depende en gran medida de hacia dónde quieres ir —dice el Gato.

—No me interesa demasiado hacia dónde —dice Alicia.

—Entonces no importa mucho qué camino tomes —dice el Gato.

Las latinas somos particularmente susceptibles a estos desvíos producto de una combinación de algunas características culturales que en gran medida compartimos. Por un lado, nos cuesta negarnos cuando nos piden algo, por otro somos fieles a nuestros jefes y colegas. Si no tienes decididos tus objetivos profesionales, es fácil perder el tiempo y el rumbo al desviar tu atención cada vez que te proponen que te involucres en proyectos o roles que en nada se alinean con esos objetivos.

Yo misma, cada tanto me encuentro corrigiendo el rumbo de mi velero. Me cuesta decir que no cuando me invitan a presentar a conferencias y eventos aunque numerosas de estas invitaciones son para presentar sin remuneración. Muchos de esos eventos me dan la oportunidad de hablar frente a posibles clientes. Otros, de hacer un impacto en la comunidad latina. Pero como mi tiempo es limitado, debo evaluar en forma constante las oportunidades para no diluir mis recursos en cientos de presentaciones *pro-bono* al año. Cuando noto que estoy aceptando demasiadas invitaciones sin compensación, paro y me recuerdo que eso no contribuye a mi objetivo de vivir de mi trabajo. Me recuerdo que sólo puedo dedicar una parte de mi tiempo a trabajar *pro-bono* ya que de lo contrario no tendré los ingresos necesarios para continuar creando más programas educativos y profesionales con los cuales beneficio a los estudiantes latinos a la vez que me gano la vida. Esos ajustes son normales, pero si yo no tuviera claras mis aspiraciones, ni siquiera me daría cuenta de que me estoy desviando.

A mí me funciona una combinación de herramientas. Por un lado, la herramienta que me ha aportado un espacio para crecer de manera sostenida es el análisis. Si sabes algo de la cultura argentina estoy segura de que no te extrañará que me psicoanalice. La Argentina tiene el mayor número de psicólogos per cápita del mundo, ¡y a veces me pregunto si eso querrá decir que estamos todos locos! El tipo de análisis que hago está muy fundamentado en el lenguaje y me permite elaborar niveles cada vez más profundos de entendimiento no sólo de mí misma sino de mi labor profesional. Para muchas personas que ejercen altos cargos, el psicólogo o el *coach* personal es uno de sus apoyos más preciados.

Por otro lado, hace años que practico meditación trascendental. Y la realidad es que mi vida cambia por completo cuando paso por períodos en que estoy demasiado ocupada para meditar. (Paradójicamente, ¡esa es la época en que más necesitaría encontrar el tiempo para hacerlo!) Mi energía se dispersa, mi atención sufre y todo me cuesta más. Cuando mantengo la disciplina de meditar a diario, las cosas fluyen más naturalmente, vivo innumerables situaciones de sincronía, conozco a las personas correctas en el momento preciso, tengo "suerte". Es difícil de explicar pero es así. Al sentarte en silencio y permitirle a tu mente que se desenganche de los pensamientos, logras experimentar por breves instantes la fuente de la que se generan esos pensamientos, la conciencia trascendental o campo unificado. Es el nivel más silencioso y pacífico de la conciencia. En este estado de relajación, tu cerebro funciona con un grado de coherencia mucho más elevado. Te invito a que inicies tu propia práctica y compruebes los resultados por ti misma.

¿Qué es la meditación trascendental?

La meditación trascendental (o TM por sus siglas en inglés), es el tipo de meditación más investigada. Sobre ella se han conducido cientos de estudios en cientos de universidades y centros de investigación que se han publicado en más de 100 revistas especializadas. Se basa en la antigua tradición védica nacida en la India que ha sido pasada de generación en generación por miles de años. Hace unos 50 años, Maharishi, un representante actual de la tradición védica, introdujo la meditación trascendental al mundo contemporáneo.

♥　♥　♥　♥　♥

Cómo empezar una práctica de meditación

Hay diversos tipos de meditación, igual que hay varias escuelas de yoga. Yo sigo la meditación trascendental y estas son las reglas básicas para empezar.

Elige un lugar tranquilo donde puedas sentarte en silencio por unos quince o veinte minutos al día. Lo ideal es meditar a la mañana cuando te levantas y luego a media tarde.

Siéntate en el suelo con la espalda derecha y las piernas cruzadas. O en una silla con los pies bien apoyados en el suelo.

Reposa las manos sobre las piernas uniendo cada dedo pulgar con el índice formando un círculo.

Cierra los ojos y concentra tu atención en tu respiración. Inhala y exhala por la nariz. Repite internamente "oh" cuando inhalas y 'Hum' cuando exhalas.

Es probable que tu mente se dispare para cualquier lado. Esto es normal. Los pensamientos se agolparán tratando de distraerte de tu respiración. Sin enojarte, o impacientarte, recupera la atención en tus inhalaciones y exhalaciones.

La idea es que no pienses en nada. Al contrario de lo que muchos piensan, sentarse a meditar no significa pensar profundamente en algún tema, sino despejar la mente, hacer un vacío. Ese mismo vacío es el que genera orden y te entrena en la habilidad de controlar tus pensamientos en lugar de ser controlada por ellos.

Ten presente que perfeccionar el arte de la meditación toma años pero sus beneficios son enormes. Los estudios hechos sobre personas que meditan demuestran que esta disciplina mejora la salud y alarga la vida.

♠   ♠   ♠   ♠   ♠

Como ves, existe una serie de disciplinas y recursos a tu alcance que te puede ayudar a encontrar la serenidad emocional, espiritual y psicológica necesaria para proyectar y cumplir tus objetivos profesionales. Porque ten presente que no es fácil encontrar ese éxito que buscas sola o con el apoyo exclusivo de tu familia. Pronto descubrirás la necesidad de extender tu red de contactos así como de explorar herramientas con las que quizá no hayas contado hasta ahora. Lo que menos quisiera es que abandonaras tus sueños porque se te hacen cuesta arriba.

Capítulo 2

¿Qué mensajes (mandatos) recibiste y qué mensajes transmites sin saberlo?

Hablan las famosas: Cristina Saralegui

Cristina Saralegui, cubana, no necesita presentación. La periodista y anfitriona por veintiún años de "El show de Cristina" en Univision, ganadora de doce Emmys, es una de las figuras más reconocidas e influyentes en el mundo del entretenimiento hispano de los Estados Unidos. Fue la primera personalidad de la televisión en español en recibir una estrella en el *Hollywood Walk of Fame*. Además, Cristina es una exitosa empresaria y en el 2004 lanzó la colección de muebles y artículos de decoración "Casa Cristina" que se vende en los locales de Sears y Kmart de todos los Estados Unidos.

P: *¿Qué soñaban para ti tus padres cuando eras chica y con qué soñabas tú?*

R: Desde que tengo uso de razón siempre me han acompañado los libros. Me he pasado la mayor parte de mi vida leyendo, creo que esto va mano a mano con que soy una persona curiosa y tengo un gran interés de saber cómo funcionan las cosas. Desde niña siempre pensé en ser escritora. Cuando empecé mis estudios en la Universidad de Miami, mi padre me aconsejó que estudiara periodismo ya que, a su manera de ver las cosas, con un título de periodismo tendría más oportunidades de conseguir un empleo ya que él conocía a muchísimos escritores que se estaban muriendo de hambre. Mirando las cosas en retrospectiva, creo que esto fue un sabio consejo de parte de mi padre.

P: *¿Por qué decidiste pasar del medio escrito a la televisión? ¿Qué buscabas con este paso? ¿Cómo lograste llevarlo a cabo?*

R: En mi último año de estudios de periodismo fui a hacer un internado a la revista *Vanidades*. En mi Cuba natal *Vanidades* había sido parte del portafolio de inversiones de mi familia como tal; mi padre me pudo conseguir este internado y así empecé mis pinitos en el mundo de las revistas. Quedé fascinada aunque me costó trabajo adaptarme ya que yo había hecho todos mis estudios en inglés y no manejaba muy bien el español, pero con la ayuda de un diccionario de inglés/español fui adquiriendo el vocabulario necesario para poder comunicarme. Tanto me gustó esta experiencia que me quedé con la compañía editorial por más de veinte años donde pasé de ser redactora a directora de varias revistas hasta lograr la dirección de la revista *Cosmopolitan* en español. Estando en este puesto de directora de la revista *Cosmo*, fue que me invitó Don Francisco (Mario Kreutzberger) a participar en un panel hablando de temas sobre la mujer en su programa, *Sábado Gigante*. Esto fue por el año 1988. Me fue tan bien en esta presentación que Don Francisco me invitó a que participara en diez programas más. Al final de este ciclo fue Don Francisco el que me recomendó al presidente de la televisora, el señor Joaquin Blaya, para un proyecto que tenían en mente, un *talk show*, al corte del de Oprah Winfrey y fue así que surgió esta oportunidad de pasar del mundo escrito a la televisión.

P: *De tu larga trayectoria como anfitriona del "Show de Cristina", ¿qué anécdotas recuerdas con mayor cariño?*

R: He entrevistado a muchísimas celebridades y siempre la he pasado muy bien en estas entrevistas ya que tengo una gran relación con una gran mayoría de ellos por mi larga trayectoria en los medios de comunicación, pero creo que siempre he disfrutado a los héroes que nadie conoce y con los cuales he tenido el privilegio de toparme en mi programa, como fue el caso del programa que hicimos después de la tragedia de las torres gemelas de Nueva York. Caminar entre tanto derrumbe y devastación; poder estrechar las manos y brindar un abrazo y alguna palabra alentadora a todos esos policías y bomberos latinos que estaban llevando a cabo esa difícil tarea de rescate me tocó el alma profundamente. Hay momentos que lo marcan a uno para siempre y ese fue uno de ellos.

En el lado ligero, siempre hay invitados que son inolvidables como es el caso de un joven dominicano que se auto titulaba "El Lover" por ser un mujeriego empedernido y siempre nos hacía reír con sus comentarios y ocurrencias, a tal punto que hoy en día todavía sale "El Lover" a relucir en la conversación mía y de mis productores de la etapa de cuando él se presentó en el programa. Como este personaje han habido muchísimos.

P: *De todos los logros profesionales que has obtenido en tu vida, ¿cuáles te dan mayor satisfacción? ¿Por qué?*

R: Todos los logros profesionales en una larga carrera traen satisfacciones ya que uno da pie al otro, pero un logro que me dio muchísima satisfacción fue cuando me dieron mi estrella en el paseo de la fama de Hollywood. Fue la primera estrella en el paseo que le otorgaban a una personalidad de la televisión hispana. Esto me gustó mucho porque pensé que había roto una vez más una barrera, o que serviría para mostrar el valor que tenemos los hispanos que vivimos en los Estados Unidos, que no nos pueden marginar; la mayor satisfacción fue la cantidad de gente que me acompañó ese día. Recuerdo que fue tanta gente que bloqueó el acceso de Hollywood Boulevard y, aunque esto armó un tremendo caos, dejó muy en claro el poder de las masas y de nuestra gente en este país. Esto me emocionó tanto que compré una página en el diario *La opinión* de Los Ángeles para agradecerle a toda esa gente que tomó de su tiempo y hasta faltó a sus empleos para estar conmigo y brindarme su apoyo. De nuevo le doy las gracias aquí por tanta muestra de cariño.

P: *¿Qué es el éxito para ti?*
R: Poder tener el control creativo de mis proyectos.

P: *¿Qué es lo que te mantiene motivada para continuar creciendo en tu carrera?*
R: No se trata de seguir creciendo en mi carrera tanto como darle de comer a la necesidad de mi vocación como comunicadora.

Blanca Rosa Vilchez, la corresponsal de Nueva York del Noticiero Nacional Univisión, se crió en Perú con cuatro hermanos varones y una hermana mucho menor. Y mientras que en muchos hogares latinos este sería el escenario perfecto para que la mujer termine sirviendo a los hombres de la casa, Blanca Rosa tuvo la suerte de tener un padre progresista y de que en lugar de esperar menos de ella, le exigiera aún más que a sus hermanos. "Mi papá me decía cosas como: la educación es importante para todos pero para las mujeres mucho más porque si llegan a tener un mal matrimonio, tienen que asegurarse de ser independientes para no tener que quedarse con el marido por cuestiones económicas," cuenta la periodista que lleva 24 años trabajando en Univisión.

Desafortunadamente, este no es el caso para un gran número de mujeres que, sin importar la edad o el país donde han crecido, han recibido mensajes ya sea en forma conciente o inconciente que contribuyeron a definir el rol, las expectativas, y las responsabilidades que se esperan de ellas. Por ejemplo, Martha Alicia Chávez Martínez, una reconocida escritora y psicoterapeuta mexicana dice: "Aun cuando actualmente hay cambios, cuando yo era niña o adolescente mi cultura no promovía que las mujeres creciéramos, nos superáramos, lográramos grandes metas, etc. Hoy en día hay más apertura y aceptación para que las mujeres hagan cosas más allá de las tibias paredes de su hogar y de las funciones que normalmente se esperaban de ellas".

¿Cómo fue en tu caso? Haz un poco de memoria y trata de recordar: ¿A qué jugabas? Y no hablo de que las mujeres jugamos con muñecas y los hombres con autos, porque esto responde en gran parte a diferencias biológicas notadas en estudios científicos, por las cuales el cerebro masculino tiende a sintetizar, es decir organizar sistemas, descubrir cómo funcionan las cosas y por ende tener mayor afinidad con objetos que con personas y el femenino tiende a buscar formas de establecer empatía con el prójimo, o sea, estudiar su tono de voz, sus necesidades, cómo se siente, etc., por lo cual tiene más afinidad con los individuos.[2] No. Me refiero a que además de la predisposición biológica existe una tendencia de los padres a incentivar a las mujeres a colaborar con otros durante sus juegos (al doctor, a la maestra, a la mamá) y a los hombres a competir (a la batalla naval, video juegos, carreras de autos); a que las niñas sean buenas y los niños sean fuertes; a que las niñas expresen abiertamente sus sentimientos y los niños los oculten ("los hombres no lloran") y que estas tendencias se manifiestan y trasmiten a los hijos de diversas maneras durante la infancia.

¿Cómo se hace esta transmisión? De miles de maneras diferentes. Puede ser en la forma en que reaccionan los padres frente a la misma historia contada por un niño o una niña: al hijo le festejan

2. *The Essential Difference: Male and Female Brains and the Truth About Autism,* Simon Baron-Cohen, Basic Books, 2003.

que haya golpeado a un compañero que le quitó el juguete y a la niña la retan si hace lo mismo. Al niño suelen empujarlo a que se levante y siga jugando si un compañero le da una patada mientras juegan al fútbol; a la niña la consienten y le proponen sentarse un rato hasta que se le pase el dolor del golpe.

Ahora piensa ¿cuáles eran los quehaceres que te tocaban en casa? ¿Cuáles eran tus responsabilidades?

Las mías incluían poner y sacar la mesa, lavar los platos los fines de semana, servir la comida y regar las plantas. Mi hermano nunca tenía que hacer nada de esto. Si acaso, le tocaba lavar el auto de mi papá y creo recordar que le pagaban por hacerlo. Tal vez en tu caso fuera diferente y no hubiera una distinción entre lo que se esperaba de ti y de tus hermanos en cuanto a los quehaceres hogareños, pero aún hoy en día, y a pesar del gran aumento de hombres que ayudan en la casa, la mujer sigue siendo la principal responsable del buen funcionamiento del hogar.[3] ¡Esto sumado a que ahora trabaja a la par del hombre!

Trata de recordar ¿en qué tipo de actividades físicas estabas involucrada? Yo tomaba clases de baile, cerámica, inglés y piano. Nunca me motivaron a ver o hacer deportes competitivos que hubieran contribuido a darme mayor confianza en mi fortaleza física y por consiguiente, mejorar mi autoestima. O a participar en competencias de matemática, o robótica. Y menos, a investigar posibles carreras que pudieran interesarme. A mi hermano, en cambio, mi papá lo llevaba desde chiquito no sólo a ver partidos de fútbol sino a presenciar sus operaciones quirúrgicas disfrazado de médico.

3. *Successful Professional Women of the Americas*, Betty Jane Punnett et al, Edward Elgar Publishing Ltd., 2006.

TU VOZ POR MEDIO DE LAS REDES SOCIALES

Gilberta Caron, escritora argentina y letrista de Walt Disney y Universal Music, comparte algunos de los mandatos que escuchó en su casa: "*Lo importante no es el dinero, sino la inteligencia y la cultura; el amor al arte es más importante que el amor al dinero; más importante que el éxito es el prestigio.* Si bien agradezco estos mandatos con los que mis padres me transmitieron el amor al conocimiento y a la sabiduría, de adulta tuve que enfrentar la idea de que en un mundo dominado por lo material, el dinero y el éxito sí resultaban importantes al momento de volverse competente y en la puja por el desarrollo individual. Mis padres, una pareja de intelectuales y gente de cultura, me criaron con la idea de que es mejor tener un alto perfil social-cultural antes que uno social-económico. Cuando creces te das cuenta de que si quieres proyectarte con fuerza en tu carrera debes tener de todo un poco", dice Gilberta Caron a través de Facebook.

En los Estados Unidos, tanto niñas como varones no sólo asisten a eventos deportivos de todo tipo sino que participan en deportes competitivos: fútbol, béisbol, básquetbol, y otros. Además, las escuelas y organizaciones no gubernamentales ofrecen una amplia gama de clubes, campamentos y competencias en áreas desde ingeniería, hasta ciencias, matemática, finanzas, desarrollo empresarial, etc., tanto para hombres como para mujeres. Pero en Latinoamérica, estas opciones no están tan extendidas a las mujeres. (Y te sugiero que si vives en Estados Unidos y tienes hijas aquí, reconsideres algunos de tus propios prejuicios que has mamado durante tu crianza en tu país de origen).

Esta rápida exploración de algunos de los mensajes subliminales que la mayoría de nosotras recibimos de chicas es para que los tengas presentes y los "desarmes" cuando tu vocecita interna quiera ponerte palitos en el camino. Para que aprendas a des-identificarte con ellos.

Y también para que tengas presente que todo el tiempo estás externalizando mensajes verbales y no verbales sobre quién eres, qué quieres lograr y cuánta confianza tienes en que lograrás lo que te propones. Si estos mensajes que envías al universo y al medioambiente profesional en el que estás inmersa están alineados con tus objetivos, será más fácil lograrlos. De lo contrario, el camino se te hará más difícil.

La voz de la experiencia

Carla Dodds, Senior Director Multicultural Marketing de Walmart habla de las palabras que oyó de chica: "No cambiaría nada de lo que me dijeron durante mi infancia. Todo lo que alguna vez me dijeron o me hicieron en el pasado es parte de quien soy hoy en día. Aunque puede haber habido algunas cosas negativas como 'no puedes hacer eso', esas palabras sólo me fortalecieron y me dieron la fuerza necesaria para convertir el 'no puedes' en 'Ah, sí que puedo' ".

Si es verdad que quieres triunfar, debes ser conciente de lo que proyectas y dividir tu mensaje en unidades pequeñas para identificar connotaciones negativas que te hayan quedado de tu infancia. Únicamente así podrás crear un mensaje claro para que todo el mundo (incluida tú) sepa qué buscas.

¿Cómo funcionan los mensajes, mandatos y determinaciones que recibimos?

Cuando era niña, mi papá siempre decía que yo era torpe. Supongo que algunos de mis comportamientos habrían inspirado su teoría pero también tenía su propio método de condicionar mi comportamiento para que yo corroborara esa teoría y le diera la razón. Por ejemplo, cada vez que me veía con una bandeja llena de platos y vasos me decía: "Cuidado que se te va a caer". Yo no lo hacía a propósito, pero 8 de cada 10 veces, la bandeja se me caía y yo se-

32

guía siendo "la torpe". En realidad, inconcientemente, era mi manera de obtener su atención, de cumplir con esa idea que el tenía de mí supongo que para no perder su amor. La convicción de que era torpe me duró hasta que me casé a los 24 años. Mi esposo jamás puso atención a ese detalle y al poco tiempo dejé de romper platos y me di cuenta de que no había nada de torpe en mí, sino el recuerdo de una simple palabra que yo me había creído.

Algunos ejemplos para disparar tus recuerdos

Es imposible armar un inventario de todos los mensajes que tal vez hayas recibido ya sea en forma directa o indirecta, en forma abierta o que captaste inconscientemente. Mucho dependerá de tu edad, del país donde creciste, de la mentalidad de tus padres y abuelos, de tu clase social y hasta de tu religión. Este modesto inventario de mensajes negativos (¡estoy segura de que también has recibido muchos otros positivos!) tiene la intención de ayudarte a revisar cuáles de las creencias a las que tanto te aferras hoy en día son creencias, opiniones o ideas de otros acerca de ti y es hora de dejarlos caer. Continuar creyéndolos sólo limita tus posibilidades de crecimiento. Estos mensajes se relacionan con los más diversos aspectos de tu vida como mujer.

1) Mensajes verbales

> - A los niños se los debe ver pero no escuchar (esto afecta a ambos sexos).
> - Hacer esto o aquello "no es de niña" (Treparse al columpio, ensuciarse, pelearse, etc.).
> - No seas *machona* (o sus equivalentes).
> - Deja a los hombres que conversen, que las mujeres iremos a la cocina a preparar el café.

➢ Lo más importante es que te cases con alguien con dinero.

➢ Lo más importante es que te cases y tengas hijos.

➢ Cuando un niño llora: "Vamos, los hombres no lloran". Cuando una niña llora: "¿qué pasó mi amorcito?".

➢ Cuando un niño trata de llevar a cabo alguna proeza física: "¡Tú puedes! ¡No tengas miedo!". Cuando lo intenta una niña: "¡Cuidado que te vas a lastimar!".

➢ Eres muy inteligente (o cualquier otro adjetivo) *para* ser niña/mujer.

➢ "Algo más sutil era la manera más cariñosa con que nos trataban a las mujeres, o los comentarios explicando por qué una mujer estaba en una posición alta: 'seguro que se acostó con...'", cuenta Mariel Fiori, directora de la revista *Tu Voz, cultura y noticias hispanas* del Hudson Valley, NY en relación a la prevalencia de hombres en el mundo periodístico en Argentina cuando vivía y trabajaba allí hace unos diez años.

➢ *Eso* (cualquier actividad) no es para mujeres.

➢ "Lo que me gustaría cambiar que me dijeron de chica es, 'qué se va a hacer, pues'. Esa frase implica que una se da por vencida antes de empezar la batalla. Que uno no tiene control sobre lo que nos pasa, que somos víctimas del destino. ¡No me parece! Esa frase es como un veneno sicológico que merma la manera en que tomamos decisiones. Hace que no intentemos al máximo lograr nuestras metas", dice Anna Giraldo-Kerr, Fundadora y Presidenta de Shades for Succes Inc.

➢ No puedes hacer *eso* (lo que sea) porque eres mujer.

➢ "¿Cómo dejaste que tu hermana te defendiera? Le preguntó mi papá a mi hermano luego de que yo le devolviera el golpe a una niña que le había pegado a él porque él no quiso pegarle a una mujer," comparte la chilena Leylha Ahuile, fundadora de la revista online Tinta Fresca, vía Twitter.

➤ Debes vestirte en forma recatada.

➤ No hables hasta que no te dirijan la palabra.

➤ ¿Eres virgen? (Se suponía —y muchos aún suponen— que las mujeres llegarían vírgenes al matrimonio pero no se esperaba que los hombres lo hicieran).

➤ "Si te ves desnuda en el espejo, verás la imagen del diablo", le decían las monjas a la escritora mexicana Martha Alicia Chávez Martínez.

➤ "Siempre tuve senos pequeños y de adolescente, una de mis tías siempre me decía que si tuviera dinero me lo daría para que me hiciera las 'chichis'. También alguna gente me preguntaba si consideraría hacerme la cirugía plástica. Creo que hay una percepción de que las latinas deben tener senos grandes y si una tiene senos pequeños es considerada como menos que una mujer", comparte Jazmín Cameron, Directora de Comunicaciones de www.latinosincollege.com.

➤ La gente que tiene dinero no es feliz.

➤ No entiendo por qué siempre está preocupada por el trabajo y no se ocupa de su familia.

2) Mensajes no-verbales

➤ Los hombres se sientan a la cabecera de la mesa y a ellos se les sirve primero la comida.

➤ Cuando regresaba del trabajo, tu padre o tu tío cambiaba el canal de televisión que tú y otras mujeres estuvieran mirando, sin siquiera pedir permiso.

➤ Los hombres conducen el auto cuando van con una mujer.

- Los hombres manejan el dinero importante y las mujeres el dinero "chico".
- Los hombres están a cargo de las grandes negociaciones: comprar el auto, la casa, etc.

> **TU VOZ POR MEDIO DE LAS REDES SOCIALES**
>
> "Recuerdo una vez, cuando rompí con el novio con el que estaba viviendo y regresé a la casa de mis padres. Mis hermanos estaban aún en la escuela secundaria y vivían en casa. Una noche, mi papá regresó de algún lado y me gritó por no haber recogido el desorden de mis hermanos. Pensé que era una cretinada que esperara que yo fuera la mucama casa adentro. Definitivamente fue un comentario sexista de su parte", comenta Diane Librizzi, CEO y productora ejecutiva de La Loca Entertainment, a través de Facebook.

- Los hombres pueden (¡y suelen!) tener amantes y eso se acepta casi *de facto*; las mujeres no.
- En Latinoamérica las mujeres que toda la vida llevaron el apellido del padre (un hombre) al casarse agregan el posesivo "de" después de su nombre y apellido. Por ejemplo: Juana Salcedo de Díaz. En los Estados Unidos, abandonan su apellido y adoptan el del esposo. Es decir, nunca tienen un nombre *realmente* propio.
- En reuniones, a los hombres de tu familia les preguntan por sus trabajos/carreras y a ti por tus actividades sociales o tu familia.
- "A mis hermanos les permitían tener novias y a mí no. Ya tengo 21 años y a mi mamá aún no le gusta cuando salgo con hombres", cuenta Vikki Campos, estudiante de Barnard College, Columbia University, a través de Facebook.

➢ Las niñas tienden a jugar juegos más estructurados donde se incentiva el cumplimiento de las reglas impuestas por adultos mientras que los niños participan de actividades más desestructuradas donde se los motiva a imponer sus propias reglas, liderar y ser más agresivos.

➢ Dentro de los quehaceres hogareños que te tocaban, la mayoría se consideraba tu aporte a la familia y debías cumplirlos regularmente. A tus hermanos les solían tocar los pedidos más esporádicos como limpiar el cuarto de herramientas, lavar el auto o cortar el césped, para lo cual con frecuencia les pagaban. Además, en general los quehaceres asignados a las mujeres requieren cierta supervisión mientras que los que se asignan a los varones incentivan su independencia.

➢ Ibas a escuela de monjas (o tenías uno o dos padres muy religiosos) que te empujaban a confesarte a ti más que a los varones de tu familia y el énfasis radicaba en hacerte sentir culpable, deshonrosa, débil por actos que en los hombres eran disculpados.

➢ En tu entorno existía la idea de que la mujer siempre necesita ser rescatada: no solamente en películas sino en lo que observabas de la vida política, empresarial, laboral y personal.

➢ "Si quería hacer algo mis padres asumían que podía hacerlo todo sola aunque yo estuviera desesperada por recibir su ayuda. A mi hermano le daban la mano y lo ayudaban a atravesar todas sus batallas," dice Melissa Bee a través de Facebook.

➢ Y ni hablemos de los argumentos de libros infantiles y películas donde los roles continúan siendo bastante estereotipados y los hombres son casi siempre los héroes y las mujeres las pobrecitas que deben ser rescatadas. (*Cenicienta*, *la Bella Durmiente*, inclusive más recientemente, *Toy Story*).

Lo cierto es que muchas de estas costumbres y expresiones están tan arraigadas en la mayoría de los países latinoamericanos e incluso aquí dentro de la comunidad latina de los Estados Unidos, que el trabajo que debes hacer no sólo es para desprenderte de viejos mandatos de tu infancia sino también de mantener la vigilancia sobre los que recibes a diario.

La voz de la experiencia

La escritora y psicóloga mexicana, Martha Alicia Chávez Martínez, cuenta: "Hace algunos años, se me ofreció una propuesta para dictar una serie de cursos a una fuerte empresa del norte de México. Implicaba permanecer una semana en dicha ciudad. Por supuesto acepté. A los 2 o 3 días me llama el director del proyecto para comunicarme que yo no iría y que contratarían a un hombre. Yo estaba 100 por ciento capacitada para dictar dicho curso, y cuestioné el porqué del cambio. Las respuestas fueron evasivas y ridículas. Presioné mucho con mis cuestionamientos exigiendo una razón justificada para que me sacaran del proyecto. A fin de cuentas me confesó que su esposa estaba celosa de que yo fuera a esa ciudad y permaneciera en el mismo hotel que él por una semana. Me indigné mucho. Fui a hablar con la señora para decirle que no tenía ninguna razón para preocuparse, que yo soy muy profesional y además no me meto con hombres casados, que le daba mi palabra de que no pasaría nada con su esposo, y que además necesitaba ese proyecto. Me respondió: "Ay Martha, es que eres divorciada". Añadió que del que desconfiaba era de él. Le hice ver que para que algo pasara se necesitaba que yo accediera y que yo no lo haría. Repetí de distintas formas la misma idea, promesa, compromiso, juramento, de que no tenía ningún interés en su esposo. No me apoyó. Y aunque parezca mentira, quedé fuera por el simple y ridículo hecho de que la esposa del director era celosa. Por supuesto no me retiré de la oficina del hombre sin antes decirle algunas verdades sobre su falta de hombría".

El ambiente social en el que te criaste

No quiero obviar en este libro un tema del que poca gente habla y que sin embargo impacta las oportunidades a las que cada uno de nosotros tiene acceso y la habilidad de aprovechar aquellas que se nos presentan. El ambiente socio económico y educativo en el que te has criado tiene una influencia poderosa en las diferentes etapas de tu vida. Si tus padres no tienen educación y creciste en un entorno humilde, es probable que no hayas tenido acceso temprano a escuelas privadas, tutores y programas especiales.

Pero también es probable que no hayas estado expuesta a otra serie de elementos que a medida que pasan los años se hará necesario compensar de alguna manera: conversaciones sobre personas influyentes y análisis profundos de situaciones políticas, económicas, históricas o cotidianas; discusiones sobre arte, pintura, música, cultura; viajes internacionales (a destinos fuera de tu país de origen); modales adecuados para socializar con profesionales de alta jerarquía y con grupos de poder; afiliación con instituciones influyentes y lo más crucial: acceso a círculos sociales que te abren puertas a lo largo de tu carrera.

- -

La voz de la experiencia

"Como soy una latina que creció en la República Dominicana, tiendo a ver las cosas desde una perspectiva más amplia, informada por mi género, etnia y lentes globales. Para mí los mayores obstáculos para crear lugares de trabajo inclusivos y prósperos son los sutiles prejuicios concientes e inconcientes propios de la condición humana. En algún momento, es probable que cada uno de nosotros hayamos sido o bien el autor o el blanco de estos sutiles prejuicios inconcientes y con frecuencia, no nos dimos cuenta de ello. Sean positivos o negativos —por ejemplo "el inmigrante que trabaja duro" o "la latina sexy"— ya sea que se manifiesten en un trato preferencial o en un trato desdeñoso; por ejemplo cuando se le permiten ciertas cosas a la gente que es simpática cuando en realidad la beneficiaría recibir retroalimentación franca sobre su mal comportamiento, o cuando no se contrata a alguien porque "no encaja correctamente con la cultura", estos prejuicios limitan nuestra capacidad de ver a la persona en forma adecuada y a menudo contribuyen a marginar a los individuos. En el lugar de trabajo esto se refleja en personas a las cuales no se las utiliza al máximo y en potencial no explorado. Con las mejores intenciones incluimos o excluimos personas basándonos en categorías o en los grupos a los que pertenecen, no en su potencial o habilidades como individuos. Creo que hasta que no hagamos un esfuerzo concertado por reconocer estos prejuicios en otros y en nosotros mismos y resolverlos concienzudamente, las personas de grupos tradicionalmente marginados continuarán enfrentándose con obstáculos en el trabajo", comparte Daisy Auger-Dominguez, Managing Editor, Executive Search Initiatives, Time Warner, Inc.

- -

Esta es una situación que veo a diario. Susan, una de mis mejores amigas es anglosajona y vive en un barrio de clase media alta de Nueva York. Su hija, Abby, de 14 años puede recitar por diez minutos seguidos la historia de Rusia desde la Segunda Guerra Mundial hasta la actualidad, discutir con sus padres acerca de política contemporánea, música clásica, los mejores chefs del país, y cientos de otros temas a los cuales está expuesta a diario, no sólo en la escuela sino en sus interacciones con su familia y los amigos de su familia.

Durante la cena Abby y su hermana menor Emma, de 10 años, conversan con sus padres acerca de lo que ocurrió en la escuela, de noticias que salieron en el *New York Times*, de conflictos en el trabajo de alguno de los padres, de cómo en el programa de fin de semana de la compañía de informática IBM (para el cual Emma fue elegida) aprendieron a congelar una flor o a atravesar un globo con un palito sin pincharlo, cómo mejorar en una milésima de segundo el tiempo en la carrera de natación que Abby debe correr ese fin de semana y cómo conseguir que Home Depot les preste un andamio para que su grupo de las Girl Scouts (que Susan lidera) pueda pintar un mural en una escuela para chicos con necesidades especiales.

Gracias a este tipo de conversaciones y de exposición a diversas experiencias, Abby y Emma saben cómo comportarse en un restaurante de cinco estrellas, cómo hablar con adultos de temas interesantes, cómo escribir un reporte, cómo liderar un equipo de compañeros, y miles de otras destrezas sutiles que inconcientemente las van preparando para tener éxito en la universidad y luego en sus carreras profesionales.

Este no es el caso de la mayoría de los estudiantes hispanos que suelen ser los primeros en sus familias en ir a la universidad. Estos jóvenes (y quizá tu situación haya sido similar) no tuvieron este tipo de intercambio con sus padres. Muchos debieron trabajar durante la escuela secundaria; muchos tuvieron que figurarse solos qué pasos seguir para llegar a la universidad. Muchos entraron en una universidad de dos años o escuela técnica porque no conocían las alternativas. Y aún cuando entraron en universidades de primer nivel, muchos tuvieron dificultades en adaptarse a esa cultura universitaria donde la mayoría de los estudiantes conocía las reglas sociales no escritas y tenía lo que se llama un capital cultural del cual la mayoría de sus compañeros hispanos carecía.

A medida que pasan los años, esta brecha socio cultural puede interferir en tu crecimiento profesional y la única manera de superar esa situación es reconocer que existe y buscar ayuda. Esa ayuda puede tomar muchas formas; desde mentores y asesores hasta *coaches* privados, libros de auto ayuda y cursos específicos. A veces crees que el problema es tu acento cuando en realidad, el problema es que no sabes expresar tus pensamientos, o no tienes el nivel de sutileza verbal para que los terceros te tomen en serio. O no estas al tanto de las referencias culturales que se emplean en tu ámbito laboral. O no entiendes los códigos que todos entienden sin necesidad de explicación.

La voz de la experiencia

Catherine McKenzie, Senior Producer de *Good Morning America* (ABC), hija de padres panameños negros, nacida en Estados Unidos, cuenta: "Yo tuve la suerte de que a mis padres les gustaba la ópera, la música clásica, ir a ver shows en Broadway y películas locas y eso me ayuda porque uno tiene que tener la capacidad de hablar sobre diferentes temas. Poder hablar de otra cosa que no sea el trabajo es una parte fundamental para desarrollar tu red de contactos. Para los hombres es fácil porque juegan al golf o van a los clubes donde se fuman cigarros y conversan y se conocen. Para las mujeres es un poco más difícil porque tenemos tantas cosas que hacer: ser educadas, casarnos, tener una familia, el trabajo... pero tienes que tratar de encontrar 'eso otro' que te haga interesante y sobre lo que puedas conversar. Una vez, hablé con alguien que estaba empezando su carrera y que me dijo que su compañía organizó una salida a un show de Broadway pero que, como nunca había ido, decidió no ir con el grupo porque no sabía qué ropa ponerse. ¡No puedes dejar que eso te detenga! ¡Tienes que encontrar alguien que haya ido a un show y hacerle las preguntas más estúpidas que se te ocurran: cuándo debo aplaudir, qué me debo poner...! Pero no puedes limitarte porque nunca hayas estado expuesta a ese tipo de eventos porque es en esas situaciones donde puedes conversar con otros y compartir un poco más tu historia personal".

Mucho del contenido de estas páginas apunta a identificar esa brecha socioeconómica-cultural-educativa y presentarte las distinciones que pueden ayudarte a cerrarla. Si no te das cuenta de que tu manera de expresarte, de resolver conflictos, de pensar en el futuro o en lo que te mereces están conectadas no únicamente con tu cultura y tu género si no también con el ambiente social en el que creciste, difícilmente podrás actuar para ir llenando los huecos.

Y como siempre, no hay nada más efectivo para hacer un cambio que identificar una dificultad, algo que nos incomoda lo suficiente para querer salir de esa situación y buscar otra más beneficiosa. Es decir, que la única manera en que lograrás separarte de estos mandatos y de ciertas limitaciones es si realmente estás incómoda con ellos. Y si no me crees, piensa en cuántas veces has escuchado a tu amiga quejarse del trabajo que tiene y repetir que quiere renunciar. ¿Por qué no lo hace de una vez? Porque aún no está lo suficientemente incómoda con su situación como para que el riesgo que le implica renunciar y buscar otro trabajo le valga la pena.

♥   ♥   ♥   ♥   ♥

EJERCICIO: Reescribe tus mensajes

Aprovecha este momento en que acabo de refrescar un poco tu memoria para hacer tu propia lista de mensajes obvios o subliminales que recibiste durante tu infancia y adolescencia.

- Anota el mensaje. Por ejemplo: "No hables así que pareces un hombre".
- Desmenuza la frase para entenderla. En este caso, si hablo con confianza, mostrando seguridad, o hago saber cuando algo no me gusta, dejo de ser la niña buena, agradable y modelo para la cual me criaron.
- Perdona internamente a tus padres (o quienes te hayan dicho este tipo de cosas), ya que hicieron lo que pudieron, con las herramientas y el conocimiento que tenían y en la mayoría de los casos, sin mala intención.
- Recapacita sobre qué hay de cierto en ese mensaje: ¿en serio crees que por emitir tu opinión o por demostrar confianza en ti misma dejas de ser una mujer?
- Reconoce que ya no hay nada de ese viejo disco rayado

que te sirva en esta etapa de la vida y reemplázalo por otro mensaje que se alinee con tus propósitos. Por ejemplo: "Es importante expresarme con claridad y concisión para que mis ideas tengan un fuerte impacto".

Una vez que termines con toda la lista de mensajes, tendrás un nuevo inventario más acorde a tu situación actual.

♠ ♠ ♠ ♠ ♠

Capítulo 3

El poder creativo del lenguaje

Hablan las famosas: Elena Poniatowska

La reconocida y premiada periodista y escritora mexicana, Elena Poniatowska, autora de novelas como *Leonora, La piel del cielo* y *El tren pasa primero*, nació en París bajo el nombre Princess Helene Elizabeth Louise Amelie Paula Dolores Poniatowska. Hija de un padre noble descendiente del último rey de Polonia y pariente del Rey Luis XV de Francia y de una madre mexicana con ascendencia francesa. Emigró a México de niña y luego de estudiar por diez años en los Estados Unidos, se asentó en la Ciudad de México y comenzó su carrera como periodista del diario *Excélsior*.

En una entrevista en Los Ángeles me cuenta cómo logró convertirse en una periodista influyente habiendo empezado en la sección de Sociales —única sección de un periódico a la cual tenían acceso las mujeres.

"Yo creo que fue a base de estar y darle duro. Me acuerdo de que el primer año hice 365 entrevistas. Al año siguiente seguí y después de pasar 5 o 6 años me tomaron en serio. Y luego empecé a meter en el periódico las causas sociales. Porque en esa época, los norteamericanos filmaban muchísimas películas en los estados de la República Mexicana porque era mucho más barato. Pero ponían censores y si salía un perro flaco, tú tenías que decir: 'Corte, este perro denigra a México'. Así pude empezar a ver lo que sucedía en la calle y retratar a la gente más olvidada. Hice un libro con un excelente grabador y dibujante llamado Alberto Beltrán, que ya murió, sobre qué hace la gente pobre los domingos. Porque todo empezó el domingo que era el momento en que salían las muchachas que trabajaban en las casas y a veces ni siquiera tenían dinero para nada salvo para irse a parar al camellón con su *sweater* lila, su *sweater* color fresa, su *sweater* color salmón a ver pasar los coches y con eso se entretenían". Para ver la entrevista con Elena Poniatowska, puedes ir a: http://www .youtube.com/watch?v=e3kl3g7mkzk.

No puedo seguir avanzando sin explorar más a fondo el poder creativo del lenguaje. En el primer capítulo te propuse que consideraras tu habilidad de analizar tu realidad (por ejemplo: "estoy paralizada") en el lenguaje. Miremos un poco más a fondo cómo funciona este concepto y cómo lo puedes usar a tu favor para sacudirte de encima viejos mensajes y crear una nueva realidad más a la medida de tu imaginación y tus aspiraciones.

Tal como los peces viven en el agua y no son concientes de ello (porque es todo lo que han conocido en su vida) hasta que alguien los saca del agua, de la misma manera, los seres humanos vivimos inmersos en el lenguaje. Lo que nos humaniza es el lenguaje, de ahí que seres humanos que han sido abandonados en selvas o bosques sin contacto con otros seres humanos, y no han aprendido a hablar, se han asimilado a los animales con los que convivían.[4]

El lenguaje (hablado, pensado, gesticulado) empapa toda nuestra experiencia. Piensa por un instante: sin lenguaje no podrías leer estas palabras, no podrías evaluar lo que estás leyendo, es más, ni

---

4. *L'Enigme des enfants-loups*, Serge Aroles, 2007.

siquiera podrías creer en Dios porque no tendrías las palabras para elaborar esa creencia o el concepto de Dios. Es imposible desprenderse del lenguaje excepto en los momentos de meditación profunda en los que justamente el objetivo es acallar ese fluir constante que mana de nuestro cerebro.

La voz de la experiencia

"La manera en que nos expresamos genera un montón de ideas sobre nosotros en los demás, tanto como la ropa, el pelo, etc. Es una forma de mostrarte", comparte la escritora chilena Lina Meruane, profesora de literatura en New York University.

El lenguaje tiene numerosas funciones. Lo que hoy me interesa es que observes la manera en que lo usas en tu vida cotidiana y el impacto que tiene en ti y en otros.

Empecemos con un ejemplo. Alicia es una niña de 10 años. Su mamá le da $5.00 y la manda por primera vez sola a la tienda a comprar una leche que cuesta $1.50. En el camino a casa, Alicia ve a una niña de su edad pidiendo limosna y le da $1.00. Cuando llega a su casa le entrega a su mamá la leche y $2.50 de cambio. La mamá le dice: "¡Felicitaciones por haberte animado a ir sola a la tienda, Alicia!". Y cuando cuenta el dinero, agrega: "Pero hija, te han dado mal el vuelto. ¡Eres igual a tu padre, nunca aprenderás a sumar!". Alicia se siente tan mal, que no le dice a su mamá qué hizo con el dólar faltante.

A la semana siguiente, la madre necesita algo del supermercado y le dice al hermano mayor, delante de Alicia: "Juan, por favor ve al supermercado a comprar café y azúcar", a lo cual Juan, que está mirando televisión, contesta: "¿Por qué no va Alicia?". Su madre responde: "No, ve tú porque ella no nació para las matemáticas y me trae mal el vuelto". A la semana siguiente, Alicia se saca una nota baja en la prueba de matemáticas. Cuando se la muestra a su mamá, ésta comenta: "Bueno, ya sabíamos que no eras muy buena con los números ¿no? Lo importante es que en lectura te va bien".

En las semanas y meses sucesivos, ocurren varios eventos que solidifican la idea de que Alicia no es buena en matemáticas. Por ejemplo, a pesar de que su grado puede inscribir estudiantes en una competencia estatal de matemáticas, su mamá no la empuja a participar como hacen las madres de varios de sus compañeritos. Alicia queda frustrada con esa materia, y en lugar de estudiar más para sacarla adelante, piensa: "Igual para qué voy a estudiar si me va a ir mal". Cuanto menos se prepara, peores calificaciones obtiene y el círculo vicioso tiene como resultado que al llegar a la escuela secundaria no puede entrar a los cursos avanzados de matemáticas. Años más tarde, esto le cierra oportunidades de entrar a ciertas universidades prestigiosas.

Claro que este es un ejemplo simplificado de un tipo de inter-cambios que ocurren en todos los hogares todo el tiempo, tanto cuando tú eras chica como ahora mismo si tienes hijos. No nos da-mos cuenta del impacto que las palabras tienen en determinar el futuro de una persona. Fíjate en el caso de Alicia: para ella las pala-bras de su mamá, la persona en la cual más confía en el mundo y a la que le cree ciegamente, son reales. (En otra niña con otra perso-nalidad u otras creencias, estas palabras podrían haber funcionado en sentido contrario y darle la fuerza necesaria para demostrarle a su mamá que está equivocada y que ella puede destacarse en ma-temáticas y en lo que se proponga).

Para Alicia, que creció escuchando que se parecía a su padre en muchas cosas positivas, las palabras de la madre son reales y por lo tanto empieza a actuar de acuerdo a esa convicción y llega un punto en que todos empiezan a creer que el problema es innato, es decir, todos acaban creyendo que "ella siempre fue mala en mate-máticas". (Y ojo que no digo que no haya chicos que no tengan más habilidades que otros en áreas específicas, sino que dadas iguales habilidades y diferentes usos del lenguaje, algunos niños tendrán mayores oportunidades de triunfar que otros). Por eso es tan importante ser concientes del enorme poder que tiene el lenguaje para generar realidades de todo tipo.

Desarmemos ahora la situación. De todo lo que te conté, el único "hecho" observable (es decir "medible") es que Alicia fue al mercado y trajo $2.50 de vuelto. La expresión que usa la madre: "¡Eres igual a tu padre, nunca aprenderás a sumar!", no es más que su propia interpretación/explicación de lo que ocurrió. Como sabemos, en este caso, la realidad fue otra pero la madre la desconoce.

Veamos a Alicia 25 años más tarde, como una joven adulta de 35 años a la cual su jefe le dice que debe tomar unos cursos de finanzas para que la puedan promover a gerenta de departamento. Alicia toma una primera clase pero le va mal en el examen y la abandona. Su explicación (o excusa) es que nunca fue buena para los números. La realidad es que esa idea surgió de una *interpretación* que hizo su mamá a partir de un hecho del que no necesariamente se derivaba esa conclusión. Pero las propias creencias y auto percepción de Alicia de ese momento intervinieron en la manera en que ella escuchó esa interpretación de su mamá e hicieron que se la creyera y luego actuara de acuerdo a la misma.

La pregunta ahora es la siguiente: ¿le sirve a Alicia continuar creyendo que es mala en matemáticas? Esta creencia impacta las acciones que podrá llevar a cabo, las que a su vez influirán en los resultados que obtendrá en su carrera. En el fondo es hora de que Alicia se de cuenta de que ya no importa si su mamá tenía razón o no. Lo importante es que esa interpretación que su madre hizo sobre ella y que ella creyó y nutrió por tantos años ya no le sirve para obtener los resultados que busca y debe dejarla caer. Debe crear otra interpretación que la reemplace.

♥   ♥   ♥   ♥   ♥

Cómo se transforman los hechos en palabras y las palabras en resultados

Ten siempre presente la secuencia en la cual los hechos se transforman en palabras, éstas se convierten en creencias y luego en acciones que llevan a ciertos resultados. Te ayudará a identificar cómo el lenguaje está influyendo esos resultados que obtienes y los que no obtienes en tu vida:

- Ocurre un evento o una experiencia observable. (Alicia trajo $2.50 de vuelto, $1.00 menos que la diferencia entre los $5.00 que le dio su mamá y el $1.50 que costaba la leche).

- Seleccionas algunos datos y detalles sobre lo que observas. (Alicia escucha que la mamá la reta porque trajo mal el vuelto. No escucha que la madre la felicita por su independencia. Tampoco le explica a la mamá qué ocurrió con el cambio, lo cual habría corregido la percepción errónea de que era mala en matemáticas).

- Agregas sentido a lo que observas incorporando elementos personales y culturales. (La mamá de Alicia cree que la gente nace siendo buena o mala para las matemáticas y Alicia crece convencida de que su mamá tiene razón. Al ser "igual al papá" que es malo para los números, ella también lo debe ser. Nadie toma en cuenta que en realidad el papá no terminó la escuela primaria y que es probable que por eso no entienda matemáticas).

- Armas suposiciones basadas en el sentido que le diste a los eventos y sacas conclusiones que crees que representan "la verdad". (En este caso, la mamá supone/asume que su hija será mala en matemáticas porque trajo mal el vuelto y es igual al papá. Eso se convierte en la verdad

para la mamá, luego para Alicia y para su hermano, pero
en realidad esta afirmación es sólo una suposición de la
madre basada en los datos de la realidad que eligió y que
en este caso son erróneos).

- Adoptas creencias relacionadas al mundo que te rodea.
(Alicia cree que es imposible que le vaya bien en la prueba de la escuela y luego en su trabajo porque su experiencia le demuestra que no es buena con los números.)

- Inicias acciones basadas en tus creencias. (Alicia deja de
estudiar y saca malas notas lo cual comprueba que su
creencia de que no es buena en matemáticas es cierta y se
arma un círculo vicioso. Una vez que esa creencia se ins-
tala, la arrastra por el resto de su vida porque se trans-
forma en su realidad. Cuando el jefe le dice que debe
tomar un curso de finanzas, el viejo disco rayado le
vuelve a sonar en la cabeza y la deja paralizada).

Como ves, una vez que llegas al punto de la acción, estás bastante distanciada del evento en sí. Revisar estos pasos te puede
ayudar a desarmar mensajes obsoletos. Es fácil hacerlo cuando re-
conoces que todo empezó a partir de haber seleccionado ciertos
datos de un evento en lugar de otros. **Recuerda siempre que el
evento es una cosa separada de la explicación del evento que tú u
otros crean para dar sentido a lo que ocurre.**[5]

♠   ♠   ♠   ♠   ♠

El valor de las distinciones

Tal vez te ayude pensar lo siguiente: cada uno de nosotros observa
el mundo a través de un serie de *distinciones*. Para la ontología del

5. Esquema basado en *Language and the Pursuit of Happiness*, Chalmers Brothers, New
Possibilities Press, 2005.

lenguaje, una disciplina cuyos más altos representantes son Humberto Maturana, Fernando Flores, Rafael Echeverría y Julio Olalla,[6] las distinciones son conceptos, ideas o términos por medio de los cuales vemos el mundo. No son meras definiciones de objetos o conceptos sino que nos permiten ver lo que sin esas distinciones no vemos. Por ejemplo, una persona que estudió en los Estados Unidos sabe lo que es el SAT, ACT, GPA, AP, IB y sabe cómo influyen en sus posibilidades de entrar y tener éxito en la universidad. Si tú no tienes esas distinciones difícilmente puedes actuar sobre ellas, es decir, no te prepararás ni rendirás los exámenes de SAT/ACT a tiempo, no tomarás cursos avanzados de AP o IB y no te preocuparás de mantener un promedio de notas alto (GPA) durante la escuela secundaria.

Estas distinciones viven dentro del lenguaje. Como viste recién, hasta que alguien te dijo que el SAT era fundamental para ingresar a la universidad, nunca habías escuchado hablar de este examen. A mi me pasó esto hace poco. Jamás había oído hablar de un conferencista muy reconocido (según la persona que me lo presentó) pero al día siguiente de conocerlo, empecé a ver que ese hombre presentaba en muchas de las mismas conferencias en las que presentaba yo. ¿Qué ocurrió? ¿De pronto, de casualidad estábamos juntos en todos lados? No. Antes también estábamos en las mismas conferencias (como pude verificar cuando revisé los programas) pero yo no lo conocía, no lo "distinguía" de la larga lista de oradores.

---

6. *Del ser al hacer*, Humberto Maturana, Granica, 2009.
El observador y su mundo, Rafael Echeverría, Garnica, 2009.
Ontología del lenguaje, Rafael Echeverría, Granica, 2000.
From knowledge to wisdom, Julio Olalla, Newfield Network Inc, 2004.

La voz de la experiencia

"Hace un tiempo, mi *coach* profesional me dijo: '*Your career is a marathon, you have to take it as a journey so that you don't get overly stressed by daily occurrences.*' (Tu carrera profesional es una maratón, tienes que tomártela como una jornada para que no te estreses por cada cosa que ocurre a diario). Hice un clic de inmediato. En español usamos la misma palabra para referirnos a la carrera profesional y a una carrera de velocidad (por ejemplo, las carreras de autos o las carreras de corredores). Eso nos hace sentir competitivos, estresados, que no nos podemos relajar... Para llegar a un lugar adonde uno no esté corriendo esa carrera, tiene que lograr ver la carrera profesional como una jornada, como un camino. Eso es diferente en inglés porque la palabra para carrera profesional es *career* y para carrera de velocidad, es *race*", comparte Ruth Gaviria, colombiana, Senior Vice President Corporate Marketing, Univisión.

A veces, la único que necesitas para avanzar profesionalmente es generar nuevas distinciones en ciertas áreas. Por ejemplo, pedirle a un asesor que te explicite reglas no escritas de tu corporación que para ti no existen. O que te de retroalimentación específica para que puedas reconocer que tú tienes un estilo de comunicación que choca con la cultura de tu empresa. O si eres empresaria, que alguien te explique con claridad qué beneficios tiene certificar tu pequeño negocio como "Minority Owned Business" (negocio cuyo dueño es miembro de una minoría) o "Women Owned Business" (negocio cuya dueña es una mujer) para obtener contratos con grandes empresas y con el gobierno.

Si nadie te lo hace notar, nunca tendrás esa distinción para decidir si quieres hacer un cambio o no y seguirás encontrando explicaciones no productivas a los resultados insatisfactorios que estás obteniendo.

La voz de la experiencia

Hablando del poder del lenguaje para cambiar la propia realidad, la escritora chilena Lina Meruane, profesora de literatura en New York University me cuenta: "Lo más complejo es pasar a una lengua que no dominas del todo. Recientemente comprendí que en inglés, por no manejar el código ultra delicado, resulté muy brusca, a lo mejor incluso agresiva con las personas que me estaban entrevistando para un trabajo. Se trataba de una entrevista laboral telefónica en la que lamentablemente les caí fatal a los entrevistadores. La situación era esta: Cuatro personas me entrevistaron en inglés, y me hicieron preguntas bien puntuales y bastante difíciles. Una de ellas se refería a un tema que se salía por completo del puesto al que yo estaba postulando. Me puse muy nerviosa y pedí que me reformularan esa pregunta. Eso, que en un contexto personal podría haber sonado bien, en el contexto de una entrevista laboral sonó pésimo. Me reformularon la pregunta pero como para mí seguía siendo muy similar a la que ya me habían hecho, les pregunté: '¿En qué difiere esta pregunta de la anterior?'. En ese contexto yo estaba tensa, necesitaba más tiempo para pensar la respuesta, pero como el comité no me estaba viendo la cara, los gestos, el lenguaje corporal, no podían saber que yo estaba nerviosa y les parecí cortante, algo insolente. Les pareció que estaba cuestionando la legitimidad de la pregunta. Y eso fue a puro nivel lingüístico. No supe expresar lo que quería decir, y era que en rigor no podía contestar porque no era mi especialidad y necesitaría más tiempo para elaborar la respuesta sin entrar en diletantismos. Soné grosera y a la defensiva. La forma en que me expresé no me ayudó".

Quiero aclarar que Lina habla perfecto inglés y que su dificultad de expresarse se relaciona más con el sutil uso del lenguaje en el contexto de esta situación específica dentro de la cultura anglosajona, y no con la falta de palabras adecuadas. Ella misma reconoce esa distinción así: "Aun sabiendo que el inglés es mucho más cortés, que los americanos se dan veinticinco vueltas antes de llegar a decir algo directo, que lo elegante es usar *disclaimers* (expresiones de reserva), en ese momento contesté de la manera más espontánea, que fue usar esa forma más directa del español. Entonces, por teléfono me percibieron como alguien arrogante que estaba cuestionando la pregunta al entrevistador. Y en realidad lo que yo me estaba preguntando era por qué me están haciendo esta pregunta, cómo gano tiempo para responder de la manera más adecuada".

Cada uno de nosotros ve el mundo a través de la lente de nuestras distinciones y luego le aplicamos a los hechos que observamos nuestras opiniones y emociones, como en la secuencia que compartí contigo hace un rato, creando nuestra propia historia sobre lo que ocurrió.

Y como vimos, todas estas historias que inventamos para darle sentido a cualquier situación o para entender a las personas en nuestras vidas, se crean en el lenguaje, lo cual te da un enorme poder de hacer cambios.

La función declarativa del lenguaje

La función más creativa del lenguaje es la *declarativa*.[7] ¿Qué es una declaración? Es un acto del habla en el cual el hablante crea de la nada un mundo de posibilidades. Piensa en las declaraciones de independencia: las colonias americanas se declararon independientes de Gran Bretaña, de España y de Portugal. Estas declaraciones, no describen una situación sino que crean una nueva situación. O piensa qué ocurre cuando un juez declara a dos personas "marido y mujer". Está creando un nuevo estado civil entre ellos.

Lo mismo ocurre cuando le dices "sí" a un ascenso: creas un camino laboral inexistente hasta entonces. O cuando dices "no" a la idea de abrir tu propia compañía y continúas trabajando en relación de dependencia: te niegas la posibilidad de explorar toda un área que te apasiona y en la que sabes que podrías florecer mucho más que en tu trabajo rutinario. Las declaraciones crean un cambio de contexto.

Algunas declaraciones valiosas para crear un nuevo futuro

En general, la gente que hace cambios importantes en su vida los inicia con una declaración personal. Una nueva manera de verse a sí mismos, del tipo:

7. *Language and the pursuit of happiness*, Chalmers Brothers, New Possibilities Press, 2005.

"Soy una mujer exitosa, soy capaz de lograr todo lo que me proponga" o "yo creo mi propio destino".

Y luego usan declaraciones específicas para abrir, cerrar, resolver o evaluar oportunidades. Por ejemplo:

> "No sé", admitir (declarar) que no sabes algo te abre las puertas para aprender; para adquirir nuevas distinciones de las cuales careces y que pueden ayudarte a ver el mundo desde un ángulo completamente distinto.

> "Te perdono", disuelve cualquier resentimiento y te permite darle un cierre a situaciones que te atan al pasado. Es muy útil usar esta declaración para perdonar a tus padres u otros seres queridos que muy temprano hayan contribuido con mensajes que te impactaron en forma negativa y que aún hoy dificultan tu crecimiento.

> "Lo siento", admite tu responsabilidad respecto de algo que ocurrió en el pasado y te permite comenzar una nueva página en esa relación.

> "Gracias", reconoce la generosidad de otros y te abre a la posibilidad de aceptar ayuda y goce.

> "Esto así no funciona" declara que existe una ruptura con la manera en que se vienen dando las cosas y te lleva a aceptar que debes crear nuevas acciones para obtener nuevos resultados.

Por qué el lenguaje es la clave

¿Por qué es tan importante entender cómo funciona el lenguaje en un libro cuyo objetivo es ayudarte a cumplir tus aspiraciones profesionales? Aquí va una lista de razones:

> Entender que muchos de los motivos que aduces por los

cuales no puedes lograr esto o aquello son justificaciones creadas en el lenguaje. Por ejemplo: "Tengo miedo de defraudar a mis jefes" o "Estoy estancada y no se por dónde empezar" o "No me gusta hablar en público" o "Me da miedo que si hago crecer mi pequeño negocio perderé el control".

> Entender que tienes un estilo de comunicación particular. Veremos esto con más detalle más adelante pero, para darte una idea, los latinos solemos aportar mucho más contexto al hablar y las mujeres solemos usar preguntas al final de una afirmación, lo que debilita la afirmación y crea una percepción de que no estamos preparadas para liderar.

> Entender por ejemplo que al decir (o escuchar) "no", no estamos rechazando a alguien, sino simplemente estamos rehusando un pedido. El pedido y la persona son dos cosas distintas. Poder hacer esta distinción te permitirá decir "no" con mayor facilidad y te evitará establecer compromisos que de antemano sabes que no podrás cumplir.

> Entender que hay ciertos conceptos (distinciones) que muchas mujeres (y las latinas en particular) no conocieron durante su crianza. Por ejemplo, Elizabeth Nieto, Managing Director Global Head of Talent, Learning and Diversity de Marsh dice: "Como muchas mujeres la palabra ambición me resultaba incómoda cuando era chica. Ahora que estoy mas cómoda en decir que soy ambiciosa, puedo decir que seguramente siempre lo fui. Antes no era conciente porque lo mío no pasaba por ambición personal sino por complacer a los otros: sacarme buenas notas, etc. Con la maduración, me doy cuenta de que ya no me importan las expectativas de otros sino que lo hago por mí.

Lo que tengo muy claro es que yo nunca quise ser número dos aunque en el pasado me costara verbalizarlo."

➤ Entender que así como tú armas historias sobre cada persona que conoces con base en lo que percibes de ellos, el resto del mundo se hace una historia sobre ti. No puedes evitarlo. Lo único que está en tus manos es los elementos con los cuales los demás construirán la historia. De ahí la importancia de tu imagen, tu estilo de comunicación, tus valores, tu reputación, todo lo que constituye tu marca personal.

➤ Entender que gracias a que el lenguaje tiene el poder de crear realidades, puedes desarmar algunas que ya no te sirven (viejas historias que otros armaron sobre ti y que en algún momento te creíste, como en el caso de Alicia) y puedes inventar la realidad que quieras para tu futuro.

¿No sientes que te han crecido alas y que puedes volar?

Capítulo 4

Define tu propio camino
y establece tu marca

Hablan las famosas: Elvira Lindo

La premiada periodista, guionista y escritora española Elvira Lindo inició su carrera en la radio para la cual creó un personaje: Manolito Gafotas que se hizo célebre y que años más tarde pasó a protagonizar películas y libros infantiles. A lo largo de su carrera Elvira ha publicado novelas como *El otro barrio*, *Algo más inesperado que la muerte* y *Lo que me queda por vivir*. Colabora semanalmente con el diario *El País* de España y vive entre Nueva York y Madrid.

P: *¿Sientes que se te han presentado desafíos en tu carrera por ser mujer?*

R: Empecé a trabajar en la radio pública española a los diecinueve años. En aquellos tiempos no era muy conciente de cómo el hecho de ser mujer influía en el desarrollo de mi trabajo: son cosas sobre las que he reflexionado más tarde. Pongo un ejemplo, me quedé embarazada muy joven, a los veintiún años. Pues bien, me echaron de la empresa cuando estaba de siete meses. El jefe fue extremadamente paternal conmigo, me dijo: "Tienes que descansar". Luego, cuando tuve a mi hijo me llamaron a los quince días, con lo cual, todo mi período de baja maternal se vio trastocado.

P: *¿Qué papel han jugado en tu vida los mentores, maestros, asesores, etc. ¿Dónde los fuiste conociendo?*

R: Comencé a trabajar en un taller de radio. Yo era la más joven, así que todos sabían más que yo. Fui la más joven de mi canal de radio algunos años, así que estaba rodeada de maestros. Me costó pasar del papel de alumna aventajada al de compañera, pero lo conseguí.

P: *¿De qué manera estar casada con Antonio Muñoz Molina impacta tu propia carrera como escritora?*

R: Estar casada con un escritor conocido fue complicado para mí al principio. Yo tenía un trabajo en la radio que me llenaba mucho profesionalmente, pero decidí dejarlo para dedicarme a escribir, eso coincidió con mis primeros años con Antonio. Con lo cual pasé por un período extraño: de ser conocida por mis oyentes de radio pasé a ser desconocida en el mundo de la literatura y a convertirme de pronto en la mujer de Muñoz Molina. Hay veces que eso me desesperaba porque siempre he luchado por tener mi lugar en el mundo, pero creo que a fuerza de trabajo se me ha reconocido una voz propia. Por fortuna, esos problemas no los tenía dentro de casa: Antonio es un hombre feminista, que me ha apoyado siempre, que se ha preocupado por mi trabajo. El problema no era él, sino el ambiente que, en el mundo de la cultura, es tan machista como en otros ambientes presuntamente más conservadores.

Por dónde empezar

Tratemos ahora de traer todos estos conceptos de los que conversamos hasta aquí, al plano laboral para focalizar tu atención en tu intención.

Cuando hablamos de mensajes verbales y no verbales que trasmitimos en el trabajo, no podemos dejar de mencionar tu marca o como se dice en inglés *brand*. Supongo que habrás escuchado algo sobre la importancia de establecer tu marca personal, ya que desde hace varios años se habla de este concepto. Sin embargo, en mis presentaciones siempre noto que la mayoría de los participantes no ha hecho nada para refinar sus propias marcas. Por un lado, es fácil volverse inmune a la última moda del mundo laboral. Por otro, si no tienes una persona que te oriente en cómo hacerlo, difícilmente lo logres a partir de un seminario de dos horas o de un blog que leas de vez en cuando.

Si ya estás bastante adelantada en tu carrera, es probable que hayas recibido algo de asesoramiento sobre este tema en tu trabajo y hasta tengas una marca excelente y reconocida. En ese caso, repasa las sugerencias para ver cuáles puedes aplicar, ya que si estás lista para saltar al próximo nivel, necesitarás tener una marca impecable.

¿Qué es branding?

Branding es la palabra o frase con la que queremos que los demás nos identifiquen. Tiene que ver con el valor que tú traes a la mesa, lo que te hace única y diferente. Por ejemplo, "María es una líder justa", "Ana es una comunicadora de primer nivel" o "Paula es una líder visionaria". Lo fundamental es entender que el *branding* tiene que ver con la percepción que otros tienen de ti, una percepción que, como ya vimos, para el que la tiene es la única realidad. Es decir, si tus jefes perciben que tienes potencial para asumir un cargo de mayor responsabilidad, te ofrecerán ese entrenamiento especial que te abrirá las puertas. Si perciben que no estás interesada en desarrollarte profesionalmente, no te lo ofrecerán. Y tal vez tú sí estés interesada pero no estás proyectando las señales adecuadas, no estás trasmitiendo con claridad el valor que ofreces como para ponerte en la mira de tus jefes. O tal vez no tengas en claro qué ofreces o qué buscas.

Ten presente que en la mayoría de los casos, una persona con buen *branding* y poco talento tendrá más oportunidades que otra con mal *branding* y mucho talento. Y por supuesto que aquella con talento y buen *branding* tendrá las mejores oportunidades de todos.

Antes siquiera de explorar tu propia marca, debes saber que como mujer (y como latina en los Estados Unidos) hay ciertos estereotipos que de una manera u otra establecen un *branding* que precede tu decisión de crear tu propia marca. Así por ejemplo, antes de que María sea conocida como una líder justa, la gente la percibe como una mujer latina y puede suponer que es apasionada, que tiene un alto nivel de empatía, que le da más prioridad a su vida personal que al trabajo, etc. Todas suposiciones (o historias que la gente se cuenta a sí misma sobre María) que pueden o no ser ciertas en el caso específico de María pero que tendrá que superar o enfatizar a la hora de crear su propia marca de liderazgo. En este caso, antes que nada, María quiere ser reconocida como una líder justa.

El primer paso es explorar cuál es la frase (y la realidad) con la cual quisieras ser reconocida y en el caso de que no coincida con la percepción que otros tienen de ti en la actualidad, tienes dos opciones: o bien ajustas tu comportamiento, aspecto físico o relaciones (más adelante te doy los detalles) o ajustas tu marca.

¿Qué aspectos debes considerar para tu branding?

Piensa en tu marca de ropa preferida. Seguramente conoces el logo, los colores y el slogan que la identifican. Pero también conoces bien el estilo de ropa que esa marca ofrece. Supongamos que es clásica, con un toque innovador, de gran calidad y lo que proyecta en las mujeres que la usan es una imagen de profesional exitosa. Imagínate que tu marca favorita decidiera cambiar su *look* en forma drástica. Que de pronto se enfocara en atraer adolescentes y que el diseño se volviera más juvenil, y que la calidad bajara. ¿Seguirías compránadola? Se me ocurre que no. Como puedes ver, hay muchos elementos que hacen que compres y confíes en una marca. Lo mismo ocurre con tu marca personal.

♥   ♥   ♥   ♥   ♥

¿Cómo definir tu marca o *brand*?

Antes de definir tu marca, será preciso que explores la imagen actual que proyectas y si sirve a tus intereses, o si quisieras proyectar otra cosa en el futuro. Para comenzar ese proceso puedes explorar estos pasos:

- Haz una lista de los adjetivos que crees que te definen. Por ejemplo: trabajadora, innovadora, organizada, etc.
- Pídele a un grupo de conocidos y colegas en quienes confíes que te mencionen algunos adjetivos que ellos crean que te definen. (En mi experiencia, lo mejor es pedirles que te los envíen por email, en lugar de que te los digan en persona. Este método le permite a la gente decirte cosas que quizá en persona no te diría).
- Compara las dos listas. ¿Coinciden o no?
- Si no coinciden, tienes que evaluar la razón. ¿Estás alejada de la realidad? ¿Tienes poca autocrítica o por el contrario eres demasiado crítica de ti misma? ¿La persona que te está evaluando sólo te conoce en un ámbito específico y su opinión sobre ti se limita a ese pequeño sector de tu vida? ¿Puedes ajustar algo de tu comportamiento para cambiar lo que otros perciben? A veces, quisiéramos ser lo que no somos y tratar de cambiar para adaptarnos a eso que quisiéramos emular, lo que sólo nos distancia de nuestro verdadero ser. Recuerda que la gente percibe la falta de autenticidad y no la valora. Si este es el

caso, es preferible ajustar tus expectativas respecto de cuál quieres que sea tu marca. Por ejemplo: Gladys tiene la voz, el estilo y el repertorio ideales para ser cantante de tango. Pero ella quiere ser la nueva Shakira. Cuando recibe la información de su grupo de asesores, le dicen que ella es "la Gardel" femenina. Gladys se deprime porque lo que le hubiera gustado es que le dijeran que era la próxima Shakira. Ahora, dado su talento y su perfil las probabilidades reales de que logre cambiar la percepción de los demás son pocas. Mucho mejor le iría si alineara sus expectativas con una marca que se ajusta naturalmente a su talento y a lo que proyecta en los terceros.

Recuerda entonces que es difícil forzar tu *branding* cuando naturalmente no se alinea con tu personalidad, tus valores, tu talento o tu experiencia.

♠ ♠ ♠ ♠ ♠

Puedes usar este formulario para hacer una lista de los adjetivos y frases que a tu criterio te identifican. En la segunda columna puedes agregar la retroalimentación que recibas de tus colegas y amigos.

Qué pienso yo	Qué piensan otros	✓ Coincidencia

Una vez que resuelvas cuál es el *branding* por el cual quieres ser reconocida, deberás alinear todos los elementos que forman parte de tu imagen para que sean coherentes con tu marca.

Cuando lancé mi carrera de escritora y conferenciante, hice un ejercicio similar al que describo en el recuadro. Contraté a una fotógrafa que me hizo unas 500 fotos. De ellas elegí diez y se las mandé a un grupo de colegas en los que confío ciegamente para que me ayudaran a elegir cuál debería usar como mi imagen de marca.

Me respondieron con honestidad: "Esta se ve demasiado infantil", "Esta es demasiado ingenua", "Esta se ve muy sexy", y "Esta es la que proyecta apertura, interés en escuchar lo que otros dicen, es decir se te ve como alguien a quien puedo acercarme a contarle mis problemas". Y esa última fue la foto que elegí para mi sitio web, mis tarjetas de negocios, mi papelería, etc. Una diseñadora trabajó en los colores que mejor representaban mi energía y mi propósito. Y con la ayuda de varias sesiones con este grupo de profesionales, encontré cuáles eran los adjetivos que me representan: dinámica, abierta, honesta, buena comunicadora, excelente *networker*.

Retroalimentación

A veces, el problema es que sin darte cuenta estás mandando mensajes conflictivos. Quieres ser como Shakira pero grabas tangos. Es decir, quieres ser gerenta pero cuando te ofrecen la posibilidad de desarrollar a otros empleados, la rechazas. O estás luchando para que tu negocio reciba un contrato importante con una empresa multinacional, pero no cumples con las fechas de entrega de proyectos más pequeños que tienes con dicha empresa y pierdes credibilidad. Por eso es tan importante escuchar la retroalimentación de compañeros, jefes y conocidos. Sobre este tema, Janet Wigfield, Vice Presidenta Ejecutiva y Directora de Conferencias y Eventos en Working Mother Media, dice: "Lo que ha sido crítico en mi desarrollo profesional ha sido obtener retroalimentación honesta sobre mi desempeño de parte de la gente con la cual y para la cual trabajaba. A veces la retroalimentación era formal y a veces era a través de las evaluaciones que hacemos al final de un evento. Incluso en un par de ocasiones trabajé con asesores profesionales para que me ayudaran a ver cómo podía mejorar en ciertas áreas".

La dificultad para muchas mujeres latinas (y hombres también) radica en que se les hace difícil escuchar esta retroalimentación. Se lo toman demasiado a pecho, como si escuchar algo negativo las hiciera sentir rechazadas como personas. Su necesidad de gustar al prójimo interfiere en su capacidad de escuchar lo que otros opinan al punto que a menudo prefieren no preguntar y hacer la del avestruz, o sea, esconder la cabeza bajo la tierra.

Otra actitud común que he observado entre los latinos es que al recibir retroalimentación, algunas personas (hombres y mujeres) se ponen a la defensiva y aprovechan el momento para darle su propia opinión acerca de lo que ese individuo debería cambiar. He pasado por esta situación y te aseguro que no hay mejor fórmula para que yo deje de darle retroalimentación a alguien, que ésta.

Sin embargo, aquí hay que hacer una importante distinción. Cuando reaccionas en forma defensiva y alguien te dice que *no te tomes las cosas de manera personal*, no está diciéndote que no tienes razón en lo que sientes o que tus sentimientos no son válidos. Lo que te están diciendo es que tomes un poco de distancia respecto de la situación para que no te afecte tanto y puedas reconocer que probablemente la retroalimentación que te dieron o (la manera en que te trataron) no fue en contra tuyo. Esta expresión "no te lo tomes de manera personal" no invalida en absoluto tus sentimientos. Hace poco tuve una larga discusión con mi amigo David García, director y entrenador del gimnasio Dynamic Fitness, que se quejaba de las constantes protestas de sus clientes cuando llegan al gimnasio: "No tengo ganas de estar aquí", "No tengo ganas de entrenar", etc., y de que no prestaran atención a sus instrucciones. Según David eso lo ponía de mal humor porque él quería que durante la hora de clase los clientes obtuvieran los mejores beneficios posibles por el dinero que estaban pagando. Yo (igual que varias personas antes que yo) le dije: "No te lo tomes en forma personal. Es como el dentista: todo el mundo odia ir al dentista, pero no es nada en contra del pobre dentista que te está atendiendo. Aquí es igual. A la gente le cuesta hacer el esfuerzo de entrenar, le molesta pasar por el dolor muscular, transpirar, etc. No es nada en contra tuya". Nos pasamos media hora en esta acalorada discusión hasta que por fin me di cuenta de que cuando yo le decía que no se tomara las cosas en forma personal, David interpretaba que yo le estaba diciendo que no tenía motivo para sentirse molesto con la actitud de la gente. Cuando por fin me di cuenta del malentendido, le aclaré: "David, tienes toda la razón en sentirte mal por la mala onda de la gente, por lo irrespetuosos que son de tu tiempo cuando no reservan sus puestos para la clase de bicicleta o cuando no hacen caso de tus instrucciones. Pero lo que te sugiero es que te enfoques en que tu prioridad es tener un negocio rentable y que en lugar de quedarte pegado en quién tiene razón y quién no, trates de lograr que esos comentarios te resbalen para que no te resten energía y te puedas concentrar en tus objetivos". Hubo un cambio inmediato en el aire entre nosotros. David se sintió escuchado y validado y yo entendí que para él estas palabras tenían un significado totalmente diferente que para mí. Por eso es tan importante que todos vayamos adquiriendo esas pequeñas distinciones que pueden hacer una diferencia enorme en los diversos aspectos de nuestra vida profesional y personal.

Hace tiempo aprendí que la única forma de crecer es dejar de lado el ego.

La gran escritora mexicana Elena Poniatowska me dijo: "Yo nunca tuve ego. No tengo ningún problema en cortar lo que no sirve de mis libros. No defiendo lo que escribo". Piensa en lo fuertes que son estas palabras para una escritora y verás que seguramente parte de la razón de su gran éxito es no tener un apego excesivo a su producción. No enlazar su identidad con su trabajo de tal manera que cada vez que algún editor le sugiere que debe cortar diez páginas, lo puede hacer con humildad y enfocada en su objetivo final de publicar el mejor libro posible. Es decir, ella entiende claramente que las palabras deben ser usadas (o cortadas) para beneficio propio.

Hablando de palabras y de qué hace cada uno con ellas y qué resultados obtiene, otro escritor, al escuchar: "Debes cortar 100 páginas, el libro está demasiado largo", puede pensar: "Ah, pero eso quiere decir que soy mal escritor" y deprimirse. Y un tercero podría reaccionar con un: "Pero tú, ¿quién te crees que eres diciéndome cómo debo escribir mi libro? ¿Justo tú que me mandas unos emails kilométricos cada vez que me quieres preguntar algo? ¿Tú que me habías prometido conseguirme un asistente y nunca me lo conseguiste?". Ahora yo te pregunto, ¿qué resultados crees que obtienen estos últimos dos escritores? Es muy probable que muy diferentes de los que obtiene Elena Poniatowska.

Considera que no eres sólo tu ego. Por ejemplo, yo no voy a desintegrarme como ser humano porque alguien me dice que tengo que hablar más lento cuando presento o que debo usar tal o cual vestimenta para presentar frente a ejecutivos de una corporación. Por el contrario, creo, igual que Janet Wigfield, que una de las razones por las cuales crecí tanto en mi profesión es por siempre estar abierta, admitir que no lo sé todo y buscar la retroalimentación de los demás.

El factor "atracción"

Algunos estudios[8] demuestran que las personas atractivas ganan

8. "Beauty and the Labor Market", estudio conducido por el Dr. Daniel Hamermesh y Jeff E. Biddle, 1993.

un 10 por ciento más y tienen mayores oportunidades porque el hecho de que sean atractivas comunica subliminalmente a los demás que son buenas y productivas en lo que hacen. Pero no te asustes porque ser atractiva no significa que si no tienes la suerte de ser hermosa, medir un metro ochenta, o usar talle 1 estás en problemas. No. Cualquiera de nosotras puede volverse atractiva empezando primero por la actitud que proyectamos. Por ejemplo, la autoconfianza es una cualidad muy atractiva, así como la generosidad de espíritu, la alegría, el optimismo, y otras virtudes que iluminan tu vida y la de aquellos que entran en contacto contigo.

Una buena actitud emparejada con un buen *look*, modales impecables, una reputación que te precede y un buen estilo de comunicación pueden transformarte en la mujer más atractiva del planeta.

Los tres aspectos que constituyen tu marca

Para que te resulte más fácil analizar tu imagen actual y conocerte un poco más a ti misma, vamos a explorar tres aspectos principales:

➢ Aspecto físico y materiales colaterales
➢ Comportamiento, actitud, valores
➢ Relaciones personales

Aspecto físico y materiales colaterales

Este aspecto incluye tanto tu propio aspecto físico como todos los materiales que utilizas para identificarte o promocionar tus actividades. Algunos ejemplos:

➢ Ropa y accesorios
➢ Maquillaje
➢ Perfume y aromas

> Aseo personal, peinado, uñas
> Tarjetas de negocios y papelería
> Folletos
> Website/webpages/redes sociales

Comportamiento, actitud y valores

Este aspecto incluye la comunicación no verbal, tus valores, tus rasgos de personalidad y la manera en que interactúas con los demás. Algunos ejemplos:

> Cómo caminas
> Estilo de comunicación
> Tu voz: tono, volumen
> Tus modales para comer, sostener la lapicera, pedir por favor, agradecer, etc.
> Temas de conversación
> Si trabajas bien en equipo o prefieres trabajar sola
> Si eres generosa o egoísta
> Si tienes palabra o no eres de confiar
> Si tratas bien a la gente que está por debajo de ti
> Si eres humilde o arrogante
> Puntualidad
> Nivel de creatividad

Relaciones personales

Como no puede ser de otra manera, tu reputación se ve impactada para bien y para mal por las personas de las que te rodeas. Si estás rodeada de personas de alto calibre y respetadas, seguramente tendrán un impacto positivo en tu imagen. Si por el contrario te rodeas de individuos conocidos por ser personas no confiables, el saldo será negativo. Algunos ejemplos:

> Quiénes son tus amigos
> Quiénes figuran en tu *network* profesional
> Con quiénes te relacionas en el trabajo
> A quiénes atraes
> A quiénes haces referencia en público

La voz de la experiencia

"Rodéense de 'reinas' y háganles la mayor cantidad de preguntas posibles. Observen quién está haciendo las cosas bien y viajen por esos caminos. En el fondo, a los 'reyes' y 'reinas' les gusta hablar con otros 'reyes' y otras 'reinas'", recomienda Pamela Ravare-Jones, Directora de Operaciones de ALPFA, la Asociación de Profesionales Hispanos en Contabilidad y Finanzas.

¿Por dónde seguir?

Este es el momento de tomar lápiz y papel o sentarte frente a tu computadora y aprovechar que estás pensando en este tema para repasar cada ítem en la lista y analizarlo.

La idea es que le asignes un puntaje del 1 al 5 a cada ítem (1 es el más bajo) para que tengas una radiografía de tu marca actual y puedas enfocarte en las áreas más débiles. Esto también te ayudará a buscar asesores específicos para continuar tu desarrollo. (Más adelante te cuento qué es y cómo formar una junta de asesores).

Te sugiero que una vez que completes el formulario adjunto, le envíes por email una copia en blanco del mismo formulario a un grupo selecto de colegas y amigos que puedan darte retroalimentación, tal como hiciste para averiguar qué adjetivos te representaban mejor. Prepárate para escuchar cosas que tal vez no quieras escuchar o para descubrir que existen divergencias entre tu percepción y la de estos individuos acerca de las áreas donde podrías mejorar. Si te mantienes abierta a las críticas constructivas, reducirás sustancialmente el tiempo que te tome hacer los cambios y llegarás antes a tus metas. Es otra manera de mantener tu atención enfocada en tu intención. Por ejemplo, si tu intención es mejorar tu marca para proyectar una imagen de mujer profesional preparada para liderar el departamento de marketing, debes escuchar los comentarios que tus colegas te envíen como regalos que te ayudarán a realizar esa intención en menor tiempo. Entonces, sé conciente de los filtros con los cuales escuchas esas críticas para que no crees historias improductivas y, de ser necesario, baja la perilla del volumen de tu vocecita interna si notas que se escapa de tu control.

♥ ♥ ♥ ♥ ♥

Nota para solicitar retroalimentación

Cuando envíes el formulario solicitando retroalimentación de tu grupo de colegas y amigos de confianza, incluye una breve nota explicativa similar a la siguiente:

Hola,

Estoy trabajando en mi branding y me gustaría pedirte tu opinión sobre algunos aspectos que pueden impactar mi desarrollo profesional. Te agradecería si puedes tomarte unos minutos para darme un puntaje del 1 al 5 (1 es el valor más bajo) en la lista de ítems adjunta. También te agradecería si en aquellos ítems donde el puntaje sea de 3 o menos me pudieras aclarar brevemente de qué manera crees que puedo mejorar. Por ejemplo, si me das un "2" en ropa y accesorios, podrías agregar algo como: "prueba vestirte más formal" o cualquier otro comentario que venga al caso.

¡Muchas gracias de antemano!

Haz un círculo alrededor del puntaje correspondiente a cada ítem en la lista. 1 es el nivel más bajo.

Ropa y accesorios	1	2	3	4	5
Maquillaje	1	2	3	4	5
Perfume y aromas	1	2	3	4	5
Aseo personal, peinado, uñas	1	2	3	4	5
Tarjetas de negocios/papelería	1	2	3	4	5
Folletos	1	2	3	4	5
Websites/webpages/redes sociales	1	2	3	4	5
Forma de caminar	1	2	3	4	5
Estilo de comunicación	1	2	3	4	5
Voz: tono/volumen/pitch	1	2	3	4	5
Modales en la mesa	1	2	3	4	5
Modales en general	1	2	3	4	5
Temas de conversación	1	2	3	4	5
Trabajo en equipo	1	2	3	4	5
Generosidad	1	2	3	4	5
Confiabilidad	1	2	3	4	5
Trato a subordinados	1	2	3	4	5
Humildad	1	2	3	4	5
Puntualidad	1	2	3	4	5
Compromiso con el trabajo	1	2	3	4	5
Dedicación	1	2	3	4	5
Mis amigos	1	2	3	4	5
Mis contactos	1	2	3	4	5
Personas que atraigo	1	2	3	4	5

Cómo implementar los cambios

Una vez que recibas la retroalimentación, compila las respuestas y observa cuáles son las áreas en las que coinciden tus amigos y colegas. Por ejemplo, si varios de ellos consideran que tienes oportunidades de mejorar en el estilo de comunicación, toma nota para que puedas explorar este aspecto más a fondo, es decir, adquirir distinciones específicas que te permitan entender en qué creen tus colegas que deberías trabajar. El próximo paso debería ser una conversación telefónica o en persona para averiguar si tus amigos y colegas tienen recomendaciones específicas con las que puedas trabajar y si tienen algún *coach* o experto que pueda ayudarte a hacer los ajustes necesarios.

Observa también las áreas en las que todos te dieron un 4 o un 5 y asegúrate de usarlas a tu favor. Por ejemplo, si todos creen que tienes un excelente grupo de amigos y contactos, continúa ampliando tu círculo.

Por último, si hay aspectos donde sólo una persona te da un puntaje bajo y todos los demás te dan un puntaje alto, tal vez esa persona no haya tenido oportunidad de verte en esas circunstancias o haya tenido alguna experiencia específica contigo. Por ejemplo, si alguien te da un 1 en "modales generales" y todos los demás te dan un 4 o un 5, tal vez recuerde que en alguna reunión de equipo lo interrumpiste mientras presentaba delante de su supervisor. Si sabes a qué se debe la discrepancia de un puntaje en particular, usa ese conocimiento para hacerte un llamado de atención a ti misma y no descuidar estos detalles. Si no lo sabes, pregúntale a la persona en forma directa.

Cómo hablar de ti misma

Cuando conoces a alguien por primera vez es un momento fundamental para tener en claro tu marca. ¿Cómo te presentas? ¿Qué datos elijes compartir? No es lo mismo decir: "Hola, Mariela Dabbah, autora, oradora y consultora sobre temas que ayudan a los latinos a tener éxito por medio de la educación, el desarrollo profesional y el empoderamiento", que decir: "Hola, Mariela Dabbah, vivo en Westchester, Nueva York" que decir: "Hola, soy Mariela Dabbah, escritora y oradora, y estoy trabajando en mi último libro para el cual me gustaría hacerte unas preguntas". Y si bien, mi presentación (y la tuya) varía de acuerdo al contexto, y a la etapa de mi carrera en la que estoy, yo decido en forma deliberada qué decir en qué contexto en lugar de que el contexto me agarre de sorpresa y sin palabras. El trabajo que hiciste hasta aquí de definir tu marca basándote en tus aspiraciones, te va a ayudar a encontrar esas palabras.

Pero más allá de esta frase introductoria, me interesa que pienses cómo hablas de ti misma, qué dices durante tus charlas con gente a la que recién conoces y con colegas con quienes interactúas a diario pues, como venimos viendo, es por medio del lenguaje que se construyen las relaciones humanas y también por medio del lenguaje que le dejas saber a los terceros cuáles son tus propósitos; es la manera de alinear tus palabras con tus acciones para cumplir esos objetivos que te propusiste. Lo que dices de ti misma tiene un impacto directo en cómo los demás reaccionarán a ti, y si te ayudarán o no a cumplir tus metas. Por eso, es crítico que puedas auto evaluar el uso que haces de esta herramienta tan delicada para construir y mantener esas relaciones mientras vas edificando tu marca. Y también es clave reconocer que a medida que vas adquiriendo posiciones de mayor responsabilidad, lo que dices acerca de ti y tu estilo de comunicación deben irse ajustando.

Cuidar el lenguaje es fundamental para todo el mundo, pero las mujeres debemos prestar particular atención para no caer en ciertas malas costumbres que nos perjudican a la hora de obtener lo que deseamos. Voy a hablar de esto en detalle en un próximo capítulo sobre el estilo de comunicación, pero te adelanto algunos puntos importantes para que tomes en cuenta al hablar de ti:

> Acotar la cantidad de información personal que compartes con tus colegas
> Limitar la cantidad de contexto que ofreces en tus conversaciones
> Encontrar la manera más directa para decir lo que quieres decir —sin ser agresiva
> Ajustar la perilla del volumen a las emociones
> Aprender a hablar de tus logros personales y del equipo que está a tu cargo
> Pedir lo que quieres sustendando el pedido con datos objetivos y relevantes

Ahora que tienes en tus manos una retroalimentación riquísima para trabajar en tu marca lo ideal es que encuentres mentores que puedan ayudarte con ciertas áreas específicas y que luego de hacer los ajustes necesarios, vuelvas a presentarle el formulario a tu grupo de amigos para ver cómo cambió su percepción sobre ti. Sin embargo, lo más importante es que tú misma observes cuánto mejor se vincula tu marca con la visión que tienes para tu futuro.

En los próximos capítulos te cuento un poco acerca de estos mentores tan valiosos para tu crecimiento.

Recuerda que una vez que tengas bien definida tu marca, es hora de que la aproveches para conseguir mayor visibilidad. Anímate a expresar cada vez con mayor claridad tus objetivos, tus puntos de vista, tus opiniones y tus logros cuando se presenten las oportunidades de hacerlo, en lugar de permanecer callada esperando a que alguien reconozca tu duro trabajo o la validez de tus ideas. Hablaremos más a fondo de este tema un poco más adelante.

El rincón de Arturo Poiré

✦

"Hay que tener cuidado en no pasar de un estilo sumiso donde no se pide nada a un estilo agresivo donde las demandas no son realistas. Una vez, una CFO (Chief Financial Officer) de una gran corporación me comentó el cambio radical que observó en Rosalía, una empleada a la que ella tenía en alta consideración. Rosalía había sido siempre una mujer respetada en el equipo pero también muy pasiva respecto de su carrera y durante la evaluación semestral de desempeño la CFO le propuso diversos caminos posibles. De pronto, Rosalía se dio cuenta de que había una posición a la que ella siempre había aspirado: quería ser Jefa de Tesorería de la empresa. Al poco tiempo, le pidió a la CFO otra reunión donde la presionó para que le diera ese puesto con argumentos del estilo: "Hace años que tendría que haber estado en esa posición". Ahora, la CFO que había considerado a Rosalía una posible candidata para esa posción, empezó a dudar de sus habilidades porque descubrió a alguien incapaz de controlar sus emociones y sin suficiente madurez para esperar ya que la posición no estaba abierta y había que hacer algunos ajustes organizacionales para que Rosalía pudiera ser considerada para el puesto. Hay que cuidar de no pasar de ser sumisa a ser super ambiciosa. Si uno de pronto cae en la cuenta de algo que quiere, no puede atragantarse y recuperar el tiempo perdido. Tiene que planificar de manera metódica cómo llegar allí y tal vez pueda contratar un *coach* que lo ayude. Hay maneras de acortar los plazos."

Capítulo 5

Decide y planifica tu futuro

Hablan las famosas: María Elena Salinas

P: *¿Qué es el éxito para ti? ¿Cómo lo defines?*

R: El éxito es algo muy relativo. Algunos creen que significa lograr un puesto importante, ganar mucho dinero, tener fama. Sin embargo creo que el éxito se logra cuando cada uno alcanza sus metas, por más pequeñas o grandes que sean.

P: *Como mujer latina en una industria mayormente manejada por hombres, ¿cuáles han sido algunos de los recursos que has usado para hacerte escuchar?*

R: Varias cosas. En primer lugar, trabajar el doble. Aunque quisiéramos creer que el machismo ha quedado atrás, desafortunadamente la mujer aún tiene que trabajar el doble para recibir la mitad del reconocimiento por su labor. Pero es importante que se haga con ganas. Por fortuna yo no le temo al trabajo, no me molesta para nada el tener que trabajar más para mostrar que puedo hacer lo mismo que el hombre, y como me gusta decir, mejor aún porque lo hacemos con tacones. Además, considero importante tener buena comunicación con colegas y jefes. El pedir cuando se quiere algo, el ofrecer ayudar y quejarse con diplomacia cuando algo no está bien.

P: *Para muchas mujeres, uno de los grandes desafíos es aprender a negociar por lo que se merecen. ¿Cuánto participas de las negociaciones que se hacen en tu nombre? ¿Encuentras que como mujer te ha beneficiado delegar ese rol en un hombre?*

R: Yo trabajo en un sitio donde por muchos años fue un matriarcado. Todas las jefas eran mujeres. Desde el principio se estableció que mi contraparte masculina, en este caso Jorge Ramos, y yo seríamos tratados por igual y tendríamos responsabilidades compartidas en el departamento de noticias. Algunas de esas responsabilidades están aseguradas por contrato. Mis representantes legales en negociaciones de contrato son hombres por casualidad, igual lo podría haber hecho una mujer.

P: *¿Crees que en tu industria y en otras hay diferentes niveles de exigencia y expectativas para hombres y para mujeres?*

R: En mi industria creo que son iguales. Como periodistas todos tenemos que estar preparados por igual a cubrir cualquier noticia y estar disponibles cuando se nos llama para una cobertura especial o algún viaje. Es más difícil para las mujeres, especialmente cuando somos madres, y si se es madre soltera como yo, aún más complicado. Pero una forma de mostrar que somos iguales es buscar soluciones cuando se nos complica la situación en casa. Hubo una época en que se creía que sólo los hombres podían cubrir una guerra, por ejemplo, pero eso ha cambiado. Las mujeres también lo podemos hacer y en ocasiones con más sensibilidad.

P: *¿Qué recomendaciones específicas tienes para otras mujeres latinas que tengan grandes ambiciones?*

R: Siempre he pensado que el peor obstáculo para la superación personal es el que tenemos en la mente. La inseguridad, la timidez y el rencor son nuestros peores enemigos. De tal manera que lo primero es creer en nosotras mismas y en nuestra capacidad para hacer cualquier cosa que nos propongamos. También tenemos que tener cuidado en no quejarnos demasiado cuando las cosas no salen como queremos ya que eso es lo que el hombre espera. La mejor manera de destacar es con nuestro trabajo, no con nuestras quejas. Por fortuna estamos viviendo en una generación en que la mujer ha demostrado que puede ser y hacer cualquier cosa: llegar a la presidencia, a la corte suprema, a dirigir grandes empresas, al espacio y aun tener la capacidad de ser líder de nuestro hogar, madre y esposa.

P: *En una escala del 1 al 5 (donde 1 es el nivel más bajo), te consideras alguien:*

R: a. Que asume riesgos: 5
    b. Competitiva: 4
    c. Ambiciosa: 3

Para mí es importante hacer las cosas bien, pero no estoy compitiendo con nadie a nivel personal. Mi empresa sí compite y nuestro programa compite con los de otros canales, pero yo no. Mi única ambición es no ser conformista y no permitirme ser mediocre. Eso sí, quisiera ser la mejor mamá del mundo.

Poner en práctica el proceso que empezaste en los capítulos anteriores puede tomarte varios meses. No es fácil hacer concientes los mensajes y creencias que desde muy temprano se arraigaron en tu mente y que hoy en día se te han vuelto tan transparentes que no te das cuenta de que tu aversión a comunicar tus logros puede estar conectada con esas viejas enseñanzas de que las niñas no pueden destacarse más que los hombres, o que deben ser vistas pero no oídas o incluso con el voto de humildad característico de tu religión. Tente paciencia.

Lo primero siempre es reconocer dónde estás parada. En cuanto se te haga costumbre evaluar tus suposiciones y reconocer que éstas surgieron en respuesta a algún evento temprano del cual seleccionaste (conciente o inconcientemente) ciertos elementos, éstas suposiciones dejarán de ser transparentes para ti. Podrás declarar una nueva realidad que te ayudará a obtener nuevos resultados. ¿Qué quiero decir con transparente? Piensa cuántas veces saliste en auto de tu casa y llegaste al trabajo sin darte cuenta ni qué camino tomaste. O cuando te subes a una bicicleta y vas conversando con tu amiga mientras pedalean y no tienes que pensar en cómo pedalear. O más transparente aún: ¿eres conciente de cada inhalación y exhalación? Si lo fueras, ¡no podrías hacer nada más que respirar! Todas esas actividades: conducir, andar en bicicleta o respirar se han vuelto transparentes para ti. Las haces sin pensar, por lo cual, a menudo no eres conciente de la cantidad de funciones que tu cerebro y tu cuerpo están llevando a cabo. Con el uso del lenguaje pasa algo similar. Como no puedes escapar de él, tus pensamientos lo usan todo el tiempo, te olvidas de que tus acciones están basadas en lo que crees de ti misma y que una parte importante de esas creencias se forjaron muy temprano en tu vida. Para pasar a otro plano, es crítico que esas creencias se hagan visibles, es decir salgan del estado de transparencia en el que habitan hasta el momento.

Una de esas creencias no cuestionadas, tal vez tan arraigada que ni siquiera sepas su origen, es la de no planificar a largo plazo.

La cultura latina tiende a ser lo que los investigadores llaman una cultura *policrónica*, es decir que ve el mundo de manera holística y considera el tiempo como un continuo. Por otra parte, la cultura anglosajona es considerada *monocrónica* y ve el tiempo como secuencial y compartimentalizado.[9] Esto explica la diferente

9. *The dance of life: the other dimension of time*, E.T. Hall, Anchor Press/Doubleday, 1983.

percepción del tiempo que existe en ambas regiones. En los Estados Unidos, muchos han experimentado este choque de conceptos y si no tienes la distinción de que existe una diferencia en la manera en que los angloamericanos y los latinoamericanos construyen el concepto temporal, arrastrarás un problema por muchos años.

Por otro lado, la poca práctica en planificación a largo plazo puede tener conexión con el alto grado de incertidumbre reinante en Latinoamérica, la región de la cual procedemos o donde aún vives. Cuando has pasado por suficientes golpes de estado, expropiaciones de empresas por parte del gobierno, guerrilla, corrupción del estado, ineficiencia de los servicios públicos, inflación exorbitante, devaluación de la moneda y otras de las muchas dificultades que afectan a la región, te acostumbras a vivir a corto plazo y a no planificar más allá de unos meses. Pero si vives en Estados Unidos debes reconocer que la falta de planificación afectará tus posibilidades de desarrollo profesional y por lo tanto, debes adquirir las herramientas necesarias para sentirte cómoda planificando.

Por último piensa en cuán ubicuo es el concepto de "Si Dios quiere". Para la mayoría de nosotros, es una frase que incorporamos espontáneamente a cualquier plan futuro y que no deja de plantar en nuestro inconciente la noción de que lo que ocurre no está en nuestro control. Por ejemplo: "Nos vemos mañana, si Dios quiere" "Si Dios quiere, vamos a lanzar este nuevo producto el mes próximo". Y si bien es sensato hacer lugar a la contingencia, tal vez estemos poniendo un poco de excesivo énfasis en esa falta de control personal. Hazte conciente de tu uso de esta expresión para que deje de ser transparente y puedas observar su impacto en tu habilidad para planificar.

♥ ♥ ♥ ♥ ♥

Recuerda la ventaja latina

Estas circunstancias en que te criaste tienen un lado sumamente positivo del cual hablamos con Arturo Poiré en nuestro libro *La ventaja latina en el trabajo* (Sourcebooks, 2007), como por ejemplo tu gran adaptabilidad y capacidad de resolver problemas de manera creativa. Estas características tuyas también te resultan transparentes. Es decir, seguramente tienes una habilidad para ajustarte a cualquier cambio que se te presente y para encontrar soluciones cuando otros se ahogan en un vaso de agua. Durante momentos económicos difíciles, es probable que tú seas la persona con las mejores ideas de cómo ahorrar dinero, bajar costos o incrementar la producción con menor inversión. Pero también es muy posible que pienses que estos rasgos que para ti son naturales, no son nada especial, cuando en realidad son una ventaja que tú tienes por ser latina y haberte criado en una cultura determinada. Por eso, es fundamental que hagas visibles para ti y para terceros esas características que tú aportas, para poder manejarlas a tu favor.

♠ ♠ ♠ ♠ ♠

¿Por dónde empezar?

Es hora de usar el material que vienes explorando en las páginas anteriores acerca de tus aspiraciones para proyectarlas a futuro.

Retoma entonces esa imagen, ese sueño de quién quieres ser en el futuro al que arribaste luego de hacer los ejercicios de visualización. Ahora lo importante es poner ese objetivo en un calendario. ¿En cuántos años quieres ser esa mujer? Para que te resulte más claro, voy a usar un ejemplo.

Mercedes Sánchez es una joven de 28 años, fundadora de www.bechicmag.com, un blog dedicado a belleza y moda. Empezó su revista digital en el 2006 y la llevó en forma paralela a su trabajo con Adolfo Carrión, el Presidente del Condado del Bronx. El año pasado, cuando perdió su empleo debido a los recortes que hubo por la gran recesión económica, Mercedes decidió enfocarse más en su blog. Hace unos meses resolvió que su sueño es vivir de este proyecto, es decir, conseguir patrocinadores que le permitan crecer. Su objetivo es lograr su sueño en dos años. La idea ahora es partir de esa fecha y establecer hacia atrás los hitos a los cuales debe ir llegando durante esos dos años y luego, definir acciones concretas que le permitan cumplir con esos hitos.

Planillas para planificación de objetivos
Aquí tienes varios cuadros que te ayudarán a poner por escrito tus aspiraciones y comprometerte a cumplirlas.

El objetivo
Defínelo con claridad y decide en cuánto tiempo te propones cumplirlo y cuál será el método de medición que usarás para confirmar que has alcanzado el objetivo. Por ejemplo, Mercedes quiere poder sacar para ella un salario de $60.000 al año de su revista online.

Objetivo	Sub-objetivos	Para cuándo deseo cumplirlo	Cómo mediré el éxito

Factores que influirán en el cumplimiento del objetivo

Identifica cuáles son los factores que colaborarán directamente con que cumplas tu objetivo. Por ejemplo, Mercedes necesitará tener una marca visible, buen tráfico y varias asociaciones con medios que le den difusión a su plataforma para atraer a patrocinadores interesados. La forma en que medirá cada uno de estos factores varía. Por ejemplo, ella quiere llegar a tener 50.000 visitas únicas mensuales para atraer la atención de empresas interesadas en su mercado.

Factores que impactan el objetivo	Cómo mediré el éxito	Para cuándo deseo cumplirlo

Acciones que debo implementar para cumplir los factores que me llevarán al objetivo

Aquí es donde explicitas qué acciones deberás llevar a cabo para que cada uno de los factores que listaste arriba se cumplan. Te sugiero que uses una planilla como ésta para cada uno de esos factores. Así por ejemplo, Mercedes puede empezar por su tráfico y decidir que para llegar a 50.000 visitas únicas mensuales, el primer paso que debe dar es asociarse con diversas plataformas de medios relevantes para sus lectores. Para eso, listará cada una de esas plataformas e incluirá la fecha para la cual quiere establecer una asociación con cada una de ellas. Claro que deberá considerar los imponderables. Tal vez, no todas las empresas en las que ella está interesada quieran asociarse con Bechicmag.com. Para eso, deberá incluir opciones adicionales a las que recurrir en caso de que sus medios favoritos no respondan bien.

Acciones necesarias para cumplir con el objetivo	Recursos que tengo para esas acciones	Recursos que necesito para esas acciones	Cómo mediré el éxito	Para cuándo deseo cumplirlo

Este es un método simple para ayudarte a empezar a planificar tus objetivos profesionales. Cuando lo empieces a usar, seguramente notarás que hay muchos niveles intermedios a los que no estoy aludiendo. Por ejemplo, ¿cómo conseguirá Mercedes asociarse con los grandes medios si no conoce a las personas clave? Tendrá que incluir en su calendario el paso previo: hacerse miembro de asociaciones de medios y asistir a conferencias donde pueda conocer los contactos que necesita. Esto mismo te ocurrirá con cada uno de los elementos de tu plan. Lo más interesante es que al ponerlo por escrito y adjudicarle fechas y formas de medición, vas mandando el mensaje a tu cerebro y a tu entorno (con las palabras que usas y las acciones que tomas) para que todo se alinee a tu favor. Pero además, este método también te va ayudando a determinar parámetros que tú misma estableces para medir tu éxito y te permite ver en qué áreas necesitas ayuda de terceros.

TU VOZ POR MEDIO DE LAS REDES SOCIALES

"A pesar de mi plan inicial de ser editora y trabajar en mi lengua materna, a lo largo de mi carrera he tenido que adaptarme y saltar cuando se me presentaban oportunidades. La mayoría de las veces, ¡las oportunidades eran mejores que los objetivos que había previsto!" dice por Facebook Miriam Fabiancic, Editora en Jefe del Club de Lectores Mosaico.

Si nunca has planificado tus objetivos formalmente, tal vez sea necesario que te sientes con un asesor que pueda ayudarte a hacerlo. Mantén tu mente abierta a sugerencias de cursos o certificaciones que debas sacar, a movimientos laterales que debas hacer para adquirir experiencia en ciertas áreas, asociaciones a las cuales debas afiliarte y cualquier otra sugerencia que te haga tu asesor. La idea es que una vez que establezcas el objetivo a largo plazo, puedas identificar los pasos que te irán conduciendo hacia allí. Es probable que no hayas calculado algunos de ellos como, por ejemplo, que para llegar a ese puesto de gerenta que tanto anhelas, deberás obtener una maestría en negocios. Mariel Fiori, directora de las revistas *La Voz*, para el valle del Hudson en Nueva York y para el valle central en California, estudió dos carreras universitarias en Argentina: periodismo y traductorado público y en Estados Unidos está terminando una maestría en administración de empresas en New York University. "Llegó un momento en que quería aprender sobre la parte organizativa del periodismo. Lo venía haciendo y aprendiendo a medida que avanzaba pero una formación estructurada en una universidad prestigiosa me da una buena acreditación y credibilidad", dice Mariel.

Para muchas mujeres, parte de los pasos necesarios para llegar a sus objetivos es adquirir lo que se llama en inglés *hard skills*, es decir, capacidades cuantitativas como análisis financiero, estadística, operaciones y demás.

La voz de la experiencia

"Cuando estaba en la universidad concentrándome en Finanzas, me mortificó darme cuenta de que no me gustaba tanto como había pensado... esto después de haber tenido mi primera práctica profesional oficial en Finanzas. Quería ser creativa, más lanzada y ejercitar el carsima y don de gentes en los negocios... ¡ser una especialista en mercadeo! Sin embargo, ya estaba enganchada (o eso pensé) con una especialidad que no me gustaba. Ahora, cuando miro 10 o 15 años más adelante en mi carrera me doy cuenta de que la combinación de tener capacidad analítica y financiera con ser una persona creativa ¡era una excelente arma para el éxito! Así que mi recomendación es: si estás en un campo que no es analítico tómate algo de tiempo para afilar tus destrezas financieras. Te harán más poderosa a la hora de tomar decisiones, escribir propuestas y negociar", comparte Liliana (Lili) Gil, co-fundadora y socia gerente de XL Alliance y Acento Group LLC.

Por eso, a la hora de proyectar tu futuro es buena idea conversar con individuos que conozcan tu trayectoria, tu capacidad, tus intereses y tu preparación, y que al mismo tiempo conozcan bien tu industria o la empresa en la que trabajas.

El rincón de Arturo Poiré
✦

"Los objetivos pueden ir cambiando a lo largo de la vida. Lo bueno de tener un objetivo claro de largo plazo es que te sirva de guía a las acciones que debes ir tomando para cumplirlo. Siempre les recomiendo a los profesionales a los que asesoro que se fijen quién tiene el puesto que ellos quisieran tener y una vez que identifican a esa persona se fijen qué la hace exitosa. Es importante que miren quiénes están en su red de contactos, quiénes les ayudaron, qué educación tienen, qué experiencia tuvieron... incluso que estudien sus comportamientos, cómo comunican sus ideas o cómo se desenvuelven en reuniones. Es una manera muy metódica de ver qué acciones hay que seguir y cómo se pueden ir tomando atajos para llegar más rápido. En esto, un buen *coach* te puede ayudar. Lo importante es cuánto tiempo te toma a ti reenfocarte en lo que quieres lograr y después ser realista en el tiempo y esfuerzo que te demorará llegar. En general, lo más común es que la gente quiere llegar a un lugar o una posición *ya* para la cual todavía no está preparada".

Segunda Parte

Herramientas para crecer en tu carrera

Capítulo 6

Cómo modular el volumen
de tu pasión

Hablan las famosas: Remedios Díaz Oliver

Remedios Díaz Oliver es una de las mujeres más poderosas y admiradas en el mundo de los negocios. Su compañía, All American Containers, que tiene oficinas en numerosos países (entre ellos Panamá, Trinidad y Tobago, República Dominicana, Reino Unido y Australia), suministra envases a empresas como Coca Cola, Pepsi, Shering y McCormick. Pero esta reconocida y premiada empresaria empezó de muy abajo cuando llegó a Estados Unidos en 1961 como exiliada cubana. Como muchos, pensaba quedarse en el país un mes o dos, y terminó radicando aquí por el resto de su vida.

P: *¿Qué la motivó a entrar en una industria tan masculina como la de manufactura de envases y tapas de plástico, vidrio y metal?*

R: No elegí una industria masculina. Cuando llegué de Cuba era muy jovencita e inexperta pero había sido educada por mi familia que estaba involucrada en el negocio de la educación. Mis padres —españoles— quisieron que estudiara varios idiomas y tenía profesores privados en mi casa para educarme en varias materias. Además, estudié en la Havana Business Academy y Havana Business University y, en Miami, tomé diferentes cursos de importación y exportación. Apliqué para un trabajo y me ofrecieron tres en el mismo día pero el que más me convenía (solamente teníamos un auto) era el de una pequeña empresa que estaba en el giro de envases. Se llamaba Emmer Glass y cuando empecé a trabajar ganaba $55 a la semana por cinco días y medio de trabajo. De asistente de contabilidad en un año llegué a vicepresidente y comencé la División Internacional, donde me convertí en presidente, subiendo las ventas en un 400 por ciento por mis actividades en Centroamérica, Suramérica y el Caribe. Cuando la empresa fue vendida fue que comencé mi propio negocio de venta de envases de cristal y plástico para las industrias farmacéuticas, cosméticas, de alimentos, refrescos, jugos y bebidas en general. También envases metálicos (de lata) para las industrias de pintura y químicos.

P: *En los últimos años ha habido una mayor participación de las mujeres en todas las industrias, pero cuando usted empezó era una de las pocas. ¿Qué estrategias usó para hacerse respetar por sus empleados, colegas y clientes?*

R: No fue fácil pero lo logré. Les daba servicio extra a los clientes, los ayudaba con sus etiquetas, muchas veces les traducía lo que necesitaban, etc. Es decir, como dicen en inglés: "*Go the extra mile*" (da más de lo que esperan de ti).

Yo fui la primera mujer en este negocio. Al principio la labor más difícil fue en Estados Unidos y no en Latinoamérica donde siempre fui recibida con cariño, amistad y cortesía. Con los clientes locales una mujer hispana jovencita no era lo que querían los grandes compradores. Trabajando fuerte, especializándome en las técnicas de empaques, etc., pude demostrar que era una mujer que sabía lo que estaba haciendo y que a pesar de ser joven tenía una base educacional sólida.

P: *A lo largo de su carrera ha servido en numerosas juntas directivas de organizaciones sin fines de lucro, algo que no hacen suficientes mujeres y hombres hispanos. Hábleme un poco del efecto positivo que esas responsabilidades tuvieron (y tienen) en su negocio.*

R: Mi trabajo en juntas directivas me permitió ampliar mis redes de contacto. Aunque nunca me permitió vender más, sí me permitió entender cómo funcionaban los grandes negocios. Me permitió entender la forma de contratar personal, planes de largo alcance, etc.

La experiencia me valió mucho: Aprendí y compartí con los grandes hombres y mujeres de negocios. Por ejemplo: el ex-vicepresidente de Estados Unidos, Dick Cheney, estaba en la Junta de US WEST (la compañía de teléfonos del Oeste que cubre catorce Estados) y también los presidentes/CEO de American Airlines y de Whirlpool, el vicepresidente ejecutivo de Ford Motor Company, etc. En la junta directiva de Avon trabajé intensamente con las mujeres más brillantes de la industria de cosméticos y en la de Barnett Bank (la joya bancaria de la Florida) tuve oportunidad de aprender acerca de economía, financiamientos, etc. Una verdadera enseñanza que me ha servido a través de los años.

P: *Varios miembros de su familia trabajan en All American Containers Inc. ¿Cuál es la fórmula para seguir llevándose bien y no trasladar desavenencias laborales al ámbito familiar?*

R: Te diría que nuestras relaciones familiares son excelentes. Mi hija Rosie y mi nieta Jackie están en el departamento de ventas. Mi hijo Fausto trabaja en la creación de nuevas oportunidades y nuevas sucursales y dirige algunas operaciones en California y el Medio Oeste. Fausto (mi esposo) y yo manejamos Miami, Tampa, Puerto Rico y Atlanta aunque ayudamos en todas las demás áreas. Mantenemos una relación de amor y respeto en el negocio e intentamos trabajar juntos para el engrandecimiento de la operación. Tratamos de concentrarnos cada uno en un área "para no pisar callos". Nuestros empleados son parte de nuestra familia y compartimos las utilidades también con ellos.

Un día, al concluir un taller sobre cómo obtener mayor visibilidad en el trabajo, una mujer, Maryelena, se me acercó y me dijo: "Estuve leyendo tu libro *La ventaja latina en el trabajo*, y tú dices que los latinos no somos confrontacionales pero yo encuentro que en mi caso es todo lo contrario. Soy muy directa, digo lo que pienso y al que no le gusta es su problema. No pienso cambiar porque yo soy así. Quería saber qué me puedes decir al respecto porque mi jefe cree que soy muy agresiva y no quiero que eso me quite oportunidades de avanzar".

Maryelena no está sola. Casi siempre que hago talleres en compañías escucho comentarios similares. Y te digo lo mismo que le dije a ella: el secreto no es dejar de ser quien eres sino encontrar un punto en donde puedas ser más efectiva. Si siendo tan directa y apasionada no obtienes los resultados que buscas, tal vez debas descubrir cómo decir lo mismo de otra manera para permitir que el otro te escuche. Esto no quiere decir que callarás tu punto de vista, sino que modularás el instrumento que estás usando para entregar ese mensaje.

Para eso, es probable que debas afinar la capacidad de auto evaluarte para así identificar el nivel de pasión/emoción más productivo para cada contexto. En otras palabras, ser la conductora de tu pasión en lugar de dejar que sea ella la que te conduzca por senderos de los cuales luego es difícil retroceder.

El arte de subir y bajar el volumen

Lo llamo arte porque obviamente no es una ciencia y tú eres la única que maneja las sutilezas inherentes a tus emociones. Eres la que mejor conoce tu ambiente laboral, tu industria, tu equipo de trabajo, la idiosincracia de tus jefes y colegas; el nivel de estructuración o flexibilidad frente a distintos estilos de comunicación, etc. Y tal como una artista, deberás tomar tu pincel y elegir la intensidad y paleta de colores, luces y sombras, y demás detalles.

Volvamos por un momento a Maryelena y a las distinciones que hice al comienzo del libro. Maryelena está convencida de que ella tiene derecho a expresarse de la manera en que se le de la gana. Está convencida de que tiene razón y por lo tanto de que su supervisor, que opina que ella es demasiado confrontacional, está equivocado. Mientras que ella esté tan comprometida con "tener razón" y no ponga como prioridad obtener buenos resultados, será difícil salir de esa situación en la que está bloqueada. Pero si logra dejar de lado su ego y focalizarse en un nuevo objetivo: conseguir resultados positivos, podrá ajustar fácilmente su estilo de comunicación. En este caso eso implicaría bajar el volumen a su intensidad para "sonar" más racional a los oídos de su jefe, lo cual muy probablemente hará que éste se vuelva más receptivo a su punto de vista.

La voz de la experiencia

"Yo siento que la pasión es algo muy importante en lo que uno hace pero a veces la gente lo malinterpreta y te dice: 'No deberías ser tan apasionada o tan emocional'. En una de mis primeras presentaciones en Viacom, uno de mis jefes me paró y me dijo: 'Te puedo preguntar algo? ¿Te tomaste como tres tazas de café?'. No me pareció que fuera un comentario positivo y pensé: 'Mejor que baje un poco la intensidad'. Ha habido varias ocasiones en que la gente me ha dicho: 'Eres demasiado apasionada' o 'Te estás poniendo histérica'.

Eventualmente, cuando me empezaron a preparar para la gerencia general de una cadena televisiva en español, me pusieron una *coach* de liderazgo que me mostró las diferencias culturales. Me hizo ver cómo era mi estilo de comunicación y que para liderar efectivamente debía adaptarlo de acuerdo a la audiencia. Me mostró cómo los mismos rasgos que apuntaban hacia mí como una líder podían jugarme en contra. Por ejemplo, tengo una mentalidad jerárquica y entiendo cómo trabajar con mis jefes. No necesito que todo el tiempo me estén dando palmaditas en la espalda para incentivarme, pero mucha gente sí lo necesita y yo como gerenta tenía que aprender a dárselas. Si no hubiera tenido esa *coach*, no me habría dado cuenta de estas cosas", comparte Lucía Ballas-Traynor, co fundadora de un nuevo sitio web de Cafemom.com, que se lanzará para atender las necesidades de las madres hispanas.

Quiero ser muy clara y hasta repetitiva: no estoy sugiriendo que abandones tu pasión por lo que haces ya que es un rasgo valiosísimo que tú aportas y que además orienta a los demás hacia cuáles son los temas que te interesan. Lo que te estoy recomendando es que percibas el nivel de intensidad con que comunicas tus opiniones y puedas hacer pequeños ajustes de acuerdo a tu público. (Al que grita todo el tiempo ya nadie le presta atención). Por ejemplo, si estás en una reunión del grupo de empleados latinos, es probable que la mayoría se exprese dentro de los mismos parámetros que tú y todos entiendan que no estás siendo irracional en tus comentarios. Al presentar idénticos comentarios en una reunión donde hay presentes varios ejecutivos anglosajones, es posible que se pregunten si tienes la cabeza lo suficientemente fría como para tomar las decisiones críticas que requiere la posición para la que te están considerando. Como ves, todo es cuestión de percepción y uno siempre percibe con los filtros únicos de su propia experiencia, sus prejuicios, su cultura y sus emociones. No importa que tu intención no sea parecer irracional, inestable, o impulsiva. Sólo importa si tu audiencia te percibe de esa manera y saca conclusiones que te perjudican y como es inevitable, cada audiencia va creando sus historias sobre ti de acuerdo a sus propios filtros.

Entonces, la idea no es que dejes de dar tus opiniones ni que dejes de lado tu forma de ser, sino que al segundo grupo se las presentes en un tono más moderado para que facilites la creación de una historia que favorezca tus metas. Yo sé que no es fácil lograr implementar estas sutilezas y quizá necesites ayuda de un *coach* profesional, como le ocurrió a Lucía y a muchas otras mujeres que conozco. Una vez que alguien te orienta la antena a estas distinciones es mucho más sencillo incorporarlas en forma natural.

Otra posibilidad a considerar y que algunas personas encuentran útil, es tomar clases de actuación específicamente para aprender a actuar de acuerdo a lo que quieres trasmitir. En este caso, se trata una vez más de ser tú la que controla las emociones en lugar de dejarte controlar por ellas.

Y por supuesto siempre queda la alternativa de que decidas no cambiar en absoluto tu estilo y que te atengas a las consecuencias con total conciencia. Algo así es lo que hizo Esther R. Dyer, Ph.D., presidente y CEO de la National Medical Fellowship, Inc. "Tiendo a hablar mucho y a ser muy transparente (. . .) No obtuve un puesto a nivel nacional en Washington D.C. porque desde el comienzo fui demasiado honesta y directa y dije lo que pensaba, lo cual producía un cambio en la temperatura del cuarto. No era lo que querían escuchar. Yo quería mantenerme fiel a mí misma pero al final todo fue una lección porque si me hubiera apartado de mi personalidad no estaría donde estoy hoy en día, en un lugar feliz".

Hay ciertos ambientes, industrias y organizaciones o compañías que requieren estilos de comunicación que distan tanto de lo que estás preparada a ajustar, que es preferible reconsiderar tu afiliación con ellos. Es perfectamente válido, por no decir necesario, que definas cuáles son tus límites. Tienes que determinar hasta dónde estás dispuesta a modificar tu estilo para adaptarte a diferentes contextos y situaciones.

El rincón de Arturo Poiré
✦

"Hay que entender qué es lo que hace que la pasión nos haga perder el control; qué está por detrás; qué le da energía a esa pasión que a los demás les parece excesiva. ¿Es el apego a tener razón? ¿A ser reconocido? ¿El miedo a quedar mal frente a otros? Es importante aprender cuáles son los gatillos de cada uno que te hacen salir un nivel de pasión extrema".

Claves de una comunicación efectiva

Claro que para comunicarte de manera efectiva en tu trabajo, modular el volumen de tus emociones no es el único factor a tomar en cuenta. Nuestro idioma y nuestra cultura tienen características específicas que favorecen un estilo de comunicación fluido, contextual, y florido. En español se usan aproximadamente un 20–25 por ciento más palabras para decir lo mismo que en inglés. Y contamos con una flexibilidad gramatical tan rica que nuestra prosa es muy expresiva y nos permite crear oraciones con múltiples cláusulas subordinadas a las cuales todo el mundo está acostumbrado.

Ahora, cuando tomas estas características, le sumas tu género y las pones en práctica en las comunicaciones corporativas, sobre todo en empresas norteamericanas o globales, indefectiblemente te encontrarás con que hay ciertas cosas que no funcionan de manera óptima y que será preciso ajustar si tu intención es obtener mayor responsabilidad en tu campo.

◇ **Ser concisa:** Acotar la cantidad de contexto irrelevante que ofreces le dará mayor visibilidad al punto que estás tratando de transmitir. Si vas a ofrecer un contexto, limítate a dar información que agregue valor a tu punto principal. Por ejemplo, los estudios en los que te basas; experiencias anteriores de algún producto que tu departamento maneja respecto al cual estás proponiendo una nueva solución; antecedentes necesarios para entender de lo que estás hablando, etc. Ser concisa en tus declaraciones, sobre todo cuando presentas frente a un grupo (sin importar cuán pequeño sea), y cuando hablas con tus supervisores y empleados, te ayuda a proyectar la imagen de que tienes claridad de pensamiento y en el fondo, de que estás preparada para liderar. Entonces, para el área profesional es bueno modular tus impulsos de contar una larga historia con todos sus detalles, un aspecto que puedes mantener tranquilamente en tu ambiente social.

❖ **Ser clara:** Para muchos latinos es complicado expresar sus pensamientos con claridad. Usan un estilo circular que produce el efecto de enredar de tal manera la comunicación que al final no se sabe de qué están hablando. He aconsejado a muchas mujeres profesionales sobre este punto en particular porque es un punto crucial para poder avanzar en la carrera. Los líderes deben tener claridad de pensamiento y de expresión. De manera que si en tu definición de éxito entra ser líder, será crucial que revises este aspecto.

❖ **Ser directa:** Este es un tema delicado ya que en ocasiones, ser demasiado directa puede ser percibido como ser grosera, agresiva o confrontacional. (Como vimos en el caso de Maryelena y de Lina Meruane en su entrevista laboral). Encontrar el punto justo donde puedas expresarte con claridad y concisión es fundamental. Si bien las mujeres y las latinas en particular tienden a no comunicar lo que quieren en forma directa (suponen que si los demás están prestando atención, lo adivinarán), conozco muchas latinas como Maryelena que están en el polo opuesto. Y otras que, como Lina Meruane, cuando se encuentran en situaciones de estrés, hacen uso espontáneo de su estilo de comunicación nativo y no encuentran el nivel de sutileza necesario para expresarse en forma adecuada.

El desafío radica en hallar ese balance y para lograrlo es bueno pedir retroalimentación a tu grupo de asesores.

La voz de la experiencia

"Cuando fui ascendida a gerente, me di con la sorpresa que del grupo de 15 gerentes yo era la única mujer, latina y menor de 30 años. La mayoría de los gerentes en el grupo eran hombres de 45 años. Esta experiencia me enseñó a conocer la mentalidad masculina en el ámbito gerencial. Aprendí a hablar el "idioma" de los negocios; a ir de frente al grano y no temerles si levantaban la voz. Fue una etapa de mi carrera donde maduré como profesional ya que logré convivir con personas tan distintas a mí y logré forjar una bonita amistad profesional con el grupo", comenta Anna Giraldo-Kerr, fundadora y presidenta de Shades of Success, Inc.

- ⬧ **Hablar bien inglés:** Si trabajas en los Estados Unidos o en una corporación multinacional en otro país es probable que debas perfeccionar tu inglés. Yo tuve la suerte de estudiar inglés cuando era chica y de haber llegado a este país hablándolo y escribiéndolo bien. Con el tiempo mejoré sustancialmente pero la base gramatical formal, la traía desde Argentina. No es el caso de muchos profesionales latinoamericanos que viven aquí y aunque es mucho más complicado aprender un idioma de adulto que de niño, no es imposible. La realidad es que como líder se espera que manejes el idioma y puedas convertir tus pensamientos e ideas en palabras. Sabrás que lamentablemente, la gente asocia la incapacidad de comunicarse en inglés con la falta de inteligencia, por lo cual, es crítico para tu progreso que no caigas en esta trampa.

- ⬧ **Aceptar (o no) tu acento:** El acento es un factor solamente cuando dificulta el entendimiento. Es decir, que si aprendiste inglés después de los 9 o 10 años es muy probable que tengas acento y que sea casi imposible librarte de él. A mi me gusta mi acento y nunca tuve la intención de anularlo porque me distingue de los demás. Como con todas las cosas, yo elegí interpretar mi acento como una oportunidad de distinguirme y de tener un tema fácil de conversación con cualquier desconocido en lugar de ver la diferencia como algo negativo. Te pasará como a mí que lo primero que alguien te dice es: "Hola", y lo segundo es: "¿De dónde eres?" Conozco gente que se ofende cuando le preguntan eso, como si los estuvieran excluyendo, o considerando ciudadanos de segunda, inmigrantes indeseables o quién sabe qué. Esa es la historia que esas personas deciden inventar o creer al usar sus propios filtros que revelan viejas inseguridades y complejos. Yo prefiero elegir una historia de curiosidad, y de que mi acento le da pie a cualquiera para conversar conmigo y sentir que soy accesible, un rasgo muy valioso en las relaciones humanas. Ahora, si tu acento es excesivamente denso y dificulta la comprensión de lo que dices, es hora de tomar unos cursos de reducción de acento para mejorar la calidad de tu comunicación. Otra vez, en lugar de pensar que esto significa que debes cambiar quién eres, abandonar tu cultura y adaptarte a la cultura norteamericana, piensa que tu prioridad es llevar a cabo ciertas acciones que se alinean con tus sueños, con aquello que te da satisfacción. Y que para encaminarte hacia esos objetivos parte del proceso es poder transmitir tus conocimientos e ideas de tal manera que proyectes la imagen de lo que quieres ser. Para que otros te entiendan, se sientan inspirados por ti, valoren tus aportes y puedan seguirte.

Pero el acento no es únicamente un marcador de inmigrante/no inmigrante sino también un marcador de clase social y de región del país de donde procedes. Notarás que la mayoría de los altos directivos tienen un acento similar que tiende a ser del noreste de los Estados Unidos. Dentro del noreste, el acento de Boston tienen más jerarquía que el de Nueva York y en Nueva York, el del Upper East Side tiene más jerarquía que el del Bronx. Y habrás notado que el acento británico es considerado de mayor jerarquía que el norteamericano. (Es sabido que los norteamericanos le adjudican una credibilidad inmediata a una persona de origen inglés). El acento es un marcador que incluye y excluye en forma casi inconciente. Todos lo usamos para identificar a los miembros de nuestro grupo y tendemos a gravitar hacia los acentos que se asemejan al nuestro. (¿Acaso cuando estás en un evento y escuchas a alguien con acento similar al tuyo no le preguntas si habla español?)

Dependiendo del ambiente y la industria en la que trabajes, y el nivel jerárquico al que quieras llegar, será más o menos importante que pulas tu acento y tus expresiones para ganar acceso. Pero yo no me obsesionaría con el acento a menos de que sea un impedimento para la comprensión. Simplemente es bueno ser conciente de que existe y que es otro marcador más por el cual la gente construye historias sobre ti así como tú las construyes sobre terceros.

◇ **Practicar tus *soundbites:*** Los años que llevo haciendo segmentos en los medios me han ayudado a perfeccionar mi estilo de comunicación. Cuando sólo tienes de 2 a 4 minutos para sintetizar información valiosa que cabría en un libro entero, no te queda otra que dejar de lado lo superfluo para destacar aquello que es relevante. Esto te da concisión y claridad. Pensar en *soundbites* —la palabra que se usa en la industria para describir esas frases que los editores cortan y pegan (a veces fuera de contexto) en respuesta a las preguntas de sus reporteros— es un buen método para ti tambien. Es una buena manera de tomar una idea, proceso, concepto, u opinión compleja y "masticarla" hasta el punto en que la audiencia a la que se la estás presentando, la pueda entender rápidamente. En el cuadro te doy los pasos que puedes seguir para aprovechar esta estrategia que me ha dado muy buen resultado.

♥   ♥   ♥   ♥   ♥

Cómo transformar un pensamiento complejo en uno digerible

- **Primer paso:** Lo primero que hago es elegir el tema del que voy a hablar y que voy a proponer en el programa. (A menudo, en los programas en que contribuyo, yo propongo el tema). Supongamos, "Aprovechar tus características latinas para beneficio profesional".
- **Segundo paso:** Pienso en tres o cuatro puntos que quiero destacar sobre este tema y en un par de párrafos explicatorios de cada punto.
- **Tercer paso:** Escribo esos conceptos.
- **Cuarto paso:** Digo en voz alta (¡sí, como una loca, ni más ni menos!) cada punto y su explicación y refraseo lo que no suena bien.
- **Quinto paso:** Leo mis *soundbites* en voz alta y me tomo el tiempo.
- **Sexto paso:** Practico la expresión de esos conceptos, sin leer, varias veces, hasta que siento que puedo contestar cada una de las preguntas que me hará el reportero, con espontaneidad.

♠   ♠   ♠   ♠   ♠

Lógicamente en tu trabajo, donde cualquiera te pregunta cualquier cosa en cualquier momento, es imposible practicar las respuestas. Mi propuesta es que pruebes mi estrategia cuando vayas a dar tu opinión en alguna reunión de equipo, cuando quieras pedir aumento de salario, cuando asistas a una reunión con un cliente nuevo al que vas a ofrecerle tus servicios o cuando quieras explicar a tus empleados una decisión. Todos estos son ejemplos de ocasiones en que puedes poner en práctica un estilo de comunicación claro y conciso. Lo que sucede es que a menudo, muchas personas creen que no deben prepararse porque tienen gran facilidad de palabra y este es un grave error conceptual por dos motivos. Primero, como en todos los planos de la vida, *practice makes perfect* o sea, la práctica lleva a la perfección. Aún las personas que nacen con talentos únicos, deben prepararse constantemente si quieren crecer en sus carreras. Piensa en los grandes músicos: ¿cuántas horas practican el piano, el violín o el instrumento que hayan elegido? Y los científicos: ¿cuántos años se pasan encerrados en sus laboratorios probando y volviendo a probar mínimas variaciones en sus experimentos hasta que dan en la tecla con el descubrimiento que los esquivó por tanto tiempo?

Segundo, porque cuando estás en una situación de mucho estrés, como puede ser una negociación salarial, entran en juego las emociones que, indefectiblemente, impactan tu estilo de comunicación. Al practicar lo que quieres decir tu cerebro lo archiva en un lugar al cual accede en el momento en que necesitas esa información.

Un dato interesante para tener en cuenta es que el cerebro no distingue entre un ensayo mental y un ensayo físico. Por eso, los atletas competitivos usan una técnica llamada *mental rehearsal* (ensayo mental) antes de una carrera, una pelea, u otro evento deportivo. Se sientan y ensayan mentalmente cada pequeño movimiento que van a realizar durante la competencia con la intención de mejorar sus tiempos. Para el cerebro, este ejercicio tiene un valor similar al de haber ido al gimnasio a entrenar. Imagínate ahora el impacto que puede tener en tu desempeño que incorpores este tipo de práctica a tu vida profesional.

Nosotras, cada una en lo suyo, le debemos el mismo nivel de dedicación a nuestro propio sueño. Y para eso debemos preparnos, afinar nuestro instrumento (eso incluye nuestro estilo de comunicación), probar cosas nuevas, consultar con otros que tienen mayores conocimientos y experiencia o simplemente otro punto de vista, y continuar estudiando.

El rincón de Arturo Poiré
✦

"Cuando operas a un nivel *senior* (ejecutivo) tienes que ser mucho más eficiente en tu estilo de comunicación: suscinto, corto, conciso, directo. En las mujeres latinas aquí es cuando muchos de los rasgos estereotípicos salen a flote y hay que tener cuidado. Cuando te reúnes con un alto ejecutivo debes tener clarísimo qué quieres de él o de ella. Vas a hablar con él porque ¿necesitas su apoyo? ¿Requieres que tome una decisión? ¿Que te de su opinión sobre un tema específico? ¿Le estás haciendo un reporte breve FYI (para su información)?

Si eres una ejecutiva y vas a hablar con tu CEO o tu CFO te recomiendo hablar de "nosotros". Tú ya tienes el puesto y el reconocimiento y se entiende que eres la líder de tu equipo y por lo tanto sus éxitos son tus éxitos. A este nivel, siempre los éxitos son de tu equipo y de los errores tienes que hacerte responsable tú."

No dejes de participar

Hace un par de semanas asistí a una charla que dieron dos personalidades muy conocidas en los Estados Unidos: la Dra. Isabel, una psicóloga que tiene su programa en Radiocadena Univisión y Mayte Prida, anfitriona de varios programas televisivos que se ha dedicado en los últimos años a despertar la conciencia sobre el cáncer de seno. La presentación, dentro del contexto de la primera feria del libro en español en los Estados Unidos (LéaLA), estaba dedicada a mujeres y, efectivamente, el 80 por ciento de la audiencia era femenina. Sin embargo, cuando llegó el momento de hacer preguntas, ¿adivina quiénes levantaron la mano? Sí. Los tres o cuatro hombres que había entre cientos de mujeres. Este fenómeno se observa en los más variados ámbitos desde clases de matemáticas en la escuela intermedia hasta las reuniones de trabajo y conferencias profesionales.

Los hombres tienden a lanzarse a dar su opinión porque creen que todo lo que tienen para decir es importante y digno de ser compartido y porque no sienten la necesidad de saber al 100 por ciento el tema sobre el cual están opinando. Las mujeres en cambio, tienden a ser más cautas y no dar su opinión a menos que hayan hecho un tratado doctoral sobre el tema. Es verdad que exagero, ¡pero no mucho! Ahora, yo te pregunto: si nadie conoce tus opiniones, tus ideas, tus sugerencias, ¿quién te va a ofrecer una oportunidad? Si tienes temor de hablar en público, pasar por tonta, decir algo inapropiado, o que alguien se ofenda, vuelve a los primeros capítulos donde conversamos sobre los temores. Pero a decir verdad, si quieres crecer en tu profesión, tarde o temprano tendrás que enfrentarte con la necesidad de aumentar tu visibilidad.

Hay estrategias que pueden ayudarte a hacer escuchar tu valiosa voz y acotar el riesgo que tomas al "levantar la mano" y volverte visible al mundo.

> ➢ Si vas a proponer algo controversial, consigue el apoyo (*buy-in*) de miembros claves de tu equipo y de tu jefe, antes de la reunión.
> ➢ Si vas a compartir algo que requiere respaldo analítico, obtén los números antes de hablar.

➤ Si vas a opinar sobre un tema que te toca emocionalmente o algo por lo que sientes pasión, respira profundo y recuerda que no se trata de exponer tu idea como "la verdad". Cuando evitas creer que tú eres la dueña de la verdad y por lo tanto eres la que tiene la razón, también evitas dejar a los demás en la posición de estar equivocados, algo que incomoda a todo el mundo. Explica racionalmente tu preocupación y usa tu pasión con destreza. La pasión bien administrada es muy convincente.

➤ Trata de escuchar tu voz al hablar y ser conciente de cuándo subes el registro a niveles más agudos. Esto suele ocurrir cuando te entusiasmas, emocionas o cuando te enojas, y hace que tu mensaje sea más difícil de entender.

➤ Evita por cualquier medio criticar a tu jefe en público. Dile en privado lo que tengas que decirle para no poner en duda su autoridad.

La voz de la experiencia

"Cuando alguien te escucha es como cuando alguien te ve cómo vas vestida y piensa: esta mujer es rica, o es pobre, o es educada, es *cool*, o es una *nerd*, me quiere seducir, es desagradable. Tú generas respuestas y algunas las puedes controlar y otras no porque dependen de tu receptor. Hay un teórico de la comunicación, Paul Watzavick, que argumenta que es imposible no comunicar, que el cuerpo está lleno de mensajes y el lenguaje, incluso el silencio, es siempre *performativo*. Es útil entender esto si queremos lograr que el intercambio funcione. Eso implica que hay que saber ajustar nuestra actuación o nuestro *performance* a la expectativa de la persona con la que estamos hablando. Por eso, si uno va a una entrevista de trabajo no va en *jeans*, porque eso le dice a tu entrevistador 'Yo no respeto tu trabajo, me lo estoy tomando a la ligera'", comparte Lina Meruane, autora de *Fruta podrida* (Fondo de Cultura Económica de México, 2007) y profesora de literatura en New York University.

Capítulo 7

El arte de negociar

Hablan las famosas: Embajadora Ivonne Baki

La ecuatoriana-libanesa Ivonne Baki, es una de las mujeres latinas con mayor poder en Washington, DC y en el mundo. Como Ministra de Industria de Ecuador, Presidente de la Comisión Andina de Naciones, Embajadora ecuatoriana en Estados Unidos y Líbano, Embajadora de Buena Voluntad de la UNESCO y muchas otras posiciones claves, Ivonne ha estado involucrada en negociaciones de paz intergubernamentales y globales desde hace varias décadas. Su trabajo y su pasión la han llevado hoy en día a encabezar las negociaciones de la iniciativa Yasuní-ITT en Ecuador, un proyecto de preservación del área de mayor biodiversidad en nuestro planeta en una zona petrolífera.

P: *Con una Maestría de Harvard en Administración Pública, iniciaste tu carrera en el área de la negociación como miembro de la junta de directores de una organización sin fines de lucro llamada "Conflict Management Group". ¿Qué te llevó a trabajar en este sector en donde en general no abundan las mujeres?*

R: Esa fue justamente la razón. El hecho de que no veía mujeres en las negociaciones de paz, especialmente entre países con problemas

111

como Israel y Palestina, Ecuador y Perú. Yo viví toda la guerra del Líbano, mis hijos nacieron bajo las bombas, vi lo que quiere decir la violencia y nunca pude entender por qué matan en nombre de la religión. Veía que había que hacer algo en nombre de la paz y que no se hacía y que en la mesa de negociaciones eran siempre hombres que veían su propia posición pero nunca veían el interés común. Esa es la diferencia entre mujeres y hombres. La mujer ve el interés de todos y trata de encontrar una solución conjunta mientras que el hombre dice: "Esto es lo que yo quiero y de esto no me muevo". Y en realidad siempre tienes que ver los dos lados para llegar a la posición que se llama *win-win* (ganar-ganar) para ganar un poco tú y que el otro también gane un poco y así poder llegar a una solución. En ese primer momento yo no sabía eso. Empecé a pintar y a través del arte expresaba lo que yo pensaba de la paz hasta que fui invitada a ir como artista residente a Harvard University. Luego entré al Harvard Kennedy School para hacer una maestría en Administración Pública porque pensé que como artista no llegaría a hacer una diferencia en el tema de la paz. Allí conocí a Roger Fisher, que es el gurú de las negociaciones, y él fue mi mentor. Al terminar mi maestría me involucré con el grupo de resolución de conflictos y empezamos a hacer negociaciones en diversas regiones incluído el Medio Oriente donde aún no se encuentra una solución. Hicimos negociaciones entre Ecuador y Perú que tomaron tres años y fueron una experiencia única. Así empezó mi carrera política y de negociación.

P: *¿Cuáles fueron algunos de los mayores desafíos que enfrentaste durante tu carrera diplomática como mujer latina/árabe en los Estados Unidos, en el Líbano y en Ecuador? ¿Notaste diferencias culturales en el trato que recibiste por ser mujer en cada uno de estos países?*

R: Te voy a contar una anécdota para que te des cuenta de cómo eran las cosas cuando empecé. Cuando llegué como embajadora a Washington, yo era una de las tres mujeres embajadoras de los 193 países. Después de unos años salió un libro que se llamó *And Then There Were Ten*, porque llegamos a ser diez mujeres y nos hicieron muchas entrevistas porque era la primera vez que habíamos llegado a ese número.

Como era embajadora, siempre me hacían invitaciones del lado latino y del lado árabe. Una vez, me invitaron a una recepción en la embajada creo que del Líbano donde estaban todos los embajadores árabes. Cuando me presentan al embajador de Egipto, el anfitrión le dijo: 'Ella es la embajadora del Ecuador en Washington'. ¿Sabes cuál fue la pregunta que me hizo el embajador de Egipto? Me dijo: "Y ¿dónde está tu esposo el embajador?". Después nos hicimos muy amigos pero eso es para darte una idea de cómo en el año 1998 se veía el rol de la mujer.

P: *A ti te debemos algunos importantes tratados de cooperación que se firmaron en países latinoamericanos. ¿Cuáles son algunas de tus armas secretas a la hora de negociar?*

R: Yo no creo que sean armas secretas, creo que el secreto es conocer el arte de la negociación. El arte de ponerte en el puesto del otro. Uno no puede empezar una negociación si no conoce a la persona que tiene al frente. Y en realidad, no debe tener al otro en frente si no al lado. Es un error grave que se comete a menudo y que es sentarte en una mesa frente a tu oposición. Lo mejor es tener a la persona junto a ti y hasta tocarla si es necesario y ponerte en el puesto de esa otra persona.

P: *¿Qué te ha llevado a involucrarte como Jefa Negociadora de la iniciativa Yasuní-ITT para la conservación de la biodiversidad en el Parque Yasuní en el Ecuador?*

R: Hay dos cosas que han cambiado mi vida: la guerra del Líbano y visitar ese lugar mágico. Yo pensaba que Galápagos era el lugar más mágico del planeta hasta que conocí el Parque Yasuní. Cuando lo visitas te encuentras en la pura naturaleza, la conexión de la tierra con Dios y el ser humano. Hay una enorme variedad de plantas y animales y dos comunidades en aislamiento voluntario, las últimas en el planeta. Las comunidades que salen de esa región tienen una sabiduría milenaria, tienen plantas y venenos para curar todo tipo de enfermedades. Pero la región también tiene otra riqueza: el petróleo. Ecuador aún depende de la exportación de petróleo, y el 20 por ciento del petróleo del país está allí en esa área. Cuando lo visitas ves que ese lugar es sagrado y hay que cuidarlo para la humanidad. La negociación no es fácil y tenemos que hacer muchísima campaña porque no se conoce ni el lugar ni la situación.

P: *¿Cómo te ha resultado ser mamá y tener una vida tan activa en la que vives arriba de un avión con casas en Líbano, Ecuador y Estados Unidos? ¿Cómo logras el equilibrio?*

R: Es verdad, a veces me pregunto cómo lo hago porque soy madre, esposa, abuela pero es que con mis hijos y mi esposo estoy en contacto todo el tiempo. Estar físicamente no lo es todo. Me acostumbré y tengo la maleta hecha todo el tiempo. Para mí viajar es el único momento en que me relajo y tengo tiempo para mí, puedo escribir y pensar sin interrupciones. Al mismo tiempo, me siento en todos lados como si estuviera en mi casa: cuando estoy en un país me siento parte de ese país. Lo mismo cuando hablo otro idioma sólo pienso en ese idioma. Eso es lo que significa ser ciudadana del mundo. Todos somos ahora eso, ciudadanos del mundo. Dónde estás ya no hace la diferencia.

Puedes ver la entrevista completa con Ivonne Baki aquí. http://www.youtube.com/watch?v=TXQRqZCOj-w.

En su libro *The Female Brand: Using the Female Mindset to Succeed in Business* (La marca femenina: usando la mentalidad femenina para triunfar en los negocios, Davies-Black, 2009), Catherine Kaputa comparte una anécdota sobre una mujer que supervisaba cientos de empleados en una firma de Wall Street. Esa mujer decía que varios meses antes de las evaluaciones de desempeño anuales, los hombres se acercaban a su oficina a negociarle sus bonos. Presentaban su caso y hasta le dejaban en claro cuánto esperaban recibir. En cambio ninguna mujer hacía este tipo de cabildeo (*lobby*), lo cual es un gran error. Mira lo que ocurre (y no sólo en Wall Street): cuando los gerentes hacen las cuentas para distribuir el dinero tienen presente cuánto pidió cada uno y piensan: "Si no le doy a John algo que se aproxime a lo que me pidió, a lo mejor va a renunciar". En ese proceso, estos mismos gerentes (y para el caso da igual que sean hombres o mujeres) piensan: "Leonora (o Lois) no me pidió nada, así que tal vez puedo ahorrarme algo de dinero con ella y darle menos".

La voz de la experiencia

"De alguna manera, negocias todos los días. La gente le teme a la palabra 'negociación' pero en realidad sólo se trata de posicionar tu argumento para conseguir el "Sí". Cuando estás tratando de lograr un consenso en tu equipo, eso también es negociar. La gente se olvida de que negociar no es sólo conseguir un negocio formal, sino algo que hacemos todos los días de nuestras vidas", dice Laureen Ong, presidenta de Travel Channel Media.

Este escenario se repite en todas las industrias y empieza muy temprano en la carrera de las mujeres. O mejor dicho, empieza muy temprano en la vida de las mujeres, cuando nos acostumbramos a no pedir nada, a suponer que se nos dará lo que nos merecemos o a suponer que si hacemos bien nuestro trabajo, seremos reconocidas.

Según los estudios, parte de la razón por la cual las mujeres no negocian es la convicción de que las circunstancias son fijas y están fuera de su control mientras que los hombres tienden a ver posibilidades de negociación en todos lados. Al mismo tiempo, el llamado *sense of entitlement* o sea el dar por sentado que uno tiene derecho a algo, es mucho más débil en las mujeres que en los hombres. En un estudio sobre este tema los psicólogos Charlene Callahan-Levy y Lawrence Messe[10] reclutaron estudiantes para escribir una serie de opiniones sobre tópicos relacionados con su universidad. Luego les pidieron que decidieran cuánto se pagarían a sí mismos y cuánto le pagarían a otra persona por hacer ese trabajo. Los investigadores descubrieron que las mujeres se pagarían a sí mismas un 19 por ciento menos que lo que los hombres propusieron pagarse a sí mismos.

En otro estudio, se les pidió a estudiantes de MBA (maestría en administración de empresas) que negociaran con un reclutador real para obtener un empleo hipotético. Luego, la investigadora entrevistó a los estudiantes y les preguntó si creían que tenían derecho a que el reclutador les pagara un salario equivalente o mayor al que se le estaba ofreciendo a otros candidatos. De los estudiantes que dijeron que tenían el derecho a obtener más que otros, el 70 por ciento eran hombres y de los que consideraron que tenían derecho a recibir lo mismo que otros el 71 por ciento eran mujeres.

Creo que entre otras cosas, para las mujeres siempre entra en juego su sentido de la justicia y una necesidad de seguir las reglas; dos aspectos que, como vimos, fueron inculcados muy precozmente durante sus juegos infantiles y en relación con los adultos en su vida.

10. Callahan-Levy, C.M and L.A. Messe, 1979. Sex differences in the allocation of pay. *Journal of Personality and Social Psychology* 37(3):433–446.

La voz de la experiencia

"Típicamente, el poder para negociar está en la objetividad y los números. Cuando yo negociaba contratos multimillonarios en Johnson & Johnson siempre me tomaba el tiempo de crear modelos en Excel que me permitieran proyectar escenarios y números para tener respuestas en tiempo real. Esas hojas eran mi arma secreta en la mesa de negociaciones porque me permitían ver ahí mismo que algunas de las cosas que se estaban proponiendo en la reunión no funcionarían", comparte Liliana Gil, Co-fundadora y Socia Gerenta de XL Alliance y Acento Group LIC.

Por otro lado, hay estudios[11] que demuestran que de los estudiantes recién graduados con maestrías en administración de empresas de las universidades de *Ivy League* (las ocho universidades más antiguas y prestigiosas de los Estados Unidos), los hombres negociaron sus salarios y obtuvieron un aumento del 4,3 por ciento respecto de la oferta inicial que habían recibido mientras que las mujeres sólo consiguieron aumentar esa oferta en un 2,7 por ciento. O sea, que ya en esa primera oferta los hombres consiguieron un 59 por ciento más dinero que las mujeres. Piensa lo siguiente: si a lo largo de sus carreras, los hombres continúan negociando un 59% por ciento más que las mujeres en cada oportunidad que se les presenta, para el momento en que se jubilan, habrán ganado muchísimo más dinero que nosotras.

Actualmente, en los Estados Unidos, las mujeres ganan un promedio de 77 por ciento del salario que ganan los hombres. Esta brecha varía entre hombres y mujeres de los diversos grupos, por ejemplo, las mujeres latinas ganan el 89,5 por ciento del salario de los hombres latinos. Según Catalyst,[12] una reconocida organización

11. Gerhart, B, 1990. Gener differences in current and starting salaries. The role of performance, college major, and job title. *Industrial and Labor Relations Review* 43(4) 418–433.
12. Women's Earnings and Income, Catalyst, Abril 2011.

interesada en promover la paridad femenina en el mercado laboral, las mujeres latinas ganan un 60 por ciento del salario de un hombre blanco y un 53 por ciento de lo que gana un hombre asiático (los individuos mejor pagados de todos los grupos). Hay numerosas teorías que explican las razones de esta disparidad. Algunos estudios dicen que esta brecha se debe a la división del trabajo por la cual las mujeres suelen ser las que interrumpen sus carreras para tener familia y se toman tiempo libre para ocuparse de hijos o padres, y que por lo tanto tienden a trabajar más a tiempo parcial. Otros estudios indican que las mujeres suelen trabajar en las llamadas ocupaciones de apoyo que pagan menos que otro tipo de ocupaciones. Sin embargo, según Catalyst, continúa existiendo una brecha significativa aún cuando se tienen en cuenta los años de experiencia, el nivel profesional, la industria, la región del mundo, etc., que apunta a una discriminación sistémica.

La voz de la experiencia

"Hay una manera de pensar particular en la cultura corporativa que dice que no vale la pena invertir en la carrera de las mujeres porque tarde o temprano van a casarse y tener hijos. En mi experiencia profesional como ejecutiva y empresaria, veo que la falta de paridad laboral se manifiesta en dos áreas: en las funciones y en los sueldos. A las mujeres tradicionalmente se les ha asignado trabajos donde la función principal es de organizar, atender o cuidar. A los hombres, por el contrario, se los pone en trabajos donde tienen que tomar decisiones y negociar acuerdos. Esta diferencia, con el transcurso del tiempo, ha creado dos obstáculos que contribuyen a la disparidad laboral de una manera endémica: 1) Ha alimentado la creencia interna en los hombres y mujeres de que la capacidad de la mujer es limitada; 2) Ha formado una cultura corporativa que tiene reglamentos, pólizas y normas que premian los roles del hombre más que los de la mujer", comparte Anna Giraldo-Kerr, Fundadora y Presidenta de Shades for Success Inc.

Entre las razones de esta diferencia de ingresos entre hombres y mujeres, también figuran la falta de autoconfianza que experimentan gran cantidad de mujeres y que las lleva a no expresar sus opiniones en reuniones y a no discutir cuando están en desacuerdo, a asumir trabajos que no tienen visibilidad y que poca gente valora y también la creencia enraizada de que no merecen ganar más de lo que les ofrecen, de que no hay que negociar sino aceptar lo que les dan. Como dice María Marín, motivadora y autora del libro *Pide más, espera más y obtendrás más: 7 reglas para obtener lo que deseas*: "Nosotras no tenemos lo que queremos sencillamente porque no nos atrevemos a pedirlo. Hay un dicho en negociación que expresa: 'En la vida y en los negocios tú no obtienes lo que mereces, obtienes lo que negocias'. Así que no puedes tener miedo a pedir más y a exigir más".

Por otro lado, a menudo, la razón por la cual las mujeres ganan menos es porque no saben cuánto están ganando otras personas con similares responsabilidades tanto en su empresa como en su industria. Los hombres tienden a compartir más libremente esta información mientras que las mujeres no preguntan. Como dice Catherine McKenzie, Senior Producer de Good Morning America (ABC): "Si estás en la industria privada y no vienes de un ambiente donde tus padres o sus amigos trabajan en corporaciones, ¿cómo averiguas cuánto vales, o qué beneficios adicionales puedes pedir? ¿Cómo te enteras de que en tu industria puedes conseguir un auto que te lleve y te traiga, o más semanas de vacaciones en lugar de dinero extra?".

Por esa razón cada vez aprovecho más a mi grupo estrecho de colegas (hombres y mujeres) para asesorarme todo el tiempo de cuánto están cobrando por hacer diversos tipos de presentaciones y por llevar a cabo éste o aquel tipo de actividad. De esa manera, sé cuál es el piso que debo negociar. Creo que además es fundamental para nuestro crecimiento como mujeres el compartir esta información con otras mujeres que estén menos adelantadas que nosotras en sus carreras.

Por ejemplo, el otro día me encontré en una conferencia a una jovencita que recién lanzó su plataforma online, toda entusiasmada por una asociación que estaba por hacer con una gran plataforma de medios. Investigando un poco, vi que no le iban a pagar sino que le estaban pidiendo su contenido a cambio de ponerle un enlace a su sitio. Y si bien esto parece algo maravilloso cuando recién empiezas, pronto te das cuenta de que a ti te cuesta mucho más producir el contenido que el tráfico que ese medio redirige a tu sitio. Le aconsejé cómo debía manejarse para no firmar un contrato contraproducente, algo que nadie me había avisado a mí antes de que entrara en un arreglo similar un tiempo antes.

Hasta que se te haga costumbre tener estas conversaciones con amigos y colegas, te paso unos sitios donde puedes comparar información salarial si vives en Estados Unidos: www.glassdoor.com, www.payscale.com, www.vault.com y www.salary.com.

La aversión a negociar que sentimos la mayoría de las mujeres nos pone en desventaja en muchos más planos que el económico. No negociamos el tipo de responsabilidades que nos asignan, el presupuesto que necesitamos para realizar tal o cual proyecto, o quién presentará en un evento de alta visibilidad. Anna Giraldo-Kerr explica que esta actitud pasiva, este silencio, se interpreta como falta de conocimiento y confianza en sí misma que tendrá como una de sus consecuencias que la mujer reciba trabajos de menor visibilidad y menor salario. Como dueñas de negocio, esta "alergia" a negociar nos afecta doblemente ya que nadie más que tú es responsable por tus ingresos y la supervivencia de tu empresa. En este caso, es bueno contar con un grupo de asesores a empresarios como el que ofrecen la Small Business Administra-

tion en los Estados Unidos (www.sba.gov) y las cámaras de comercio locales.

Y antes de avanzar un párrafo más quiero que te quede bien
claro que la única persona responsable de tu desarrollo profesional
eres tú. Si tú no pides lo que necesitas, si no hablas de tus logros, si
no negocias a cada paso tus promociones, tus proyectos y tus responsabilidades, nadie lo hará por ti. Si tú no estableces objetivos
claros será más fácil que otros te tironeen hacia áreas que no te be-
neficien o que no te satisfagan. En todo momento tienes que estar
sentada en el asiento del conductor de tu carrera.p

La voz de la experiencia

"Cada rol en mi vida ha sido una negociación. Negocié con mi
empleador para que pagara el 100 por ciento de mi MBA. También
tuve que negociar el balance entre el trabajo y mi hogar. Y ser una
buena negociadora es lo que me llevó al éxito en el manejo de
proveedores ya que yo era responsable no sólo de negociar los
contratos sino el producto y servicio final", comparte Carla Dodd,
Senior Director Multicultural Marketing, Walmart Stores.

¿Por dónde empezar?

Como comentaron varias de las mujeres a las que entrevisté, uno
se pasa la vida negociando aunque no tenga la distinción de que
"eso" es negociar. Entonces, lo mejor es empezar por identificar
qué situaciones son negociables. Te sorprenderás al escuchar que
toda situación donde alguien quiere algo se presta para ser nego-
ciada. Ya sea que tú quieras algo y necesites la colaboración de
otros para obtenerlo o que otros quieran algo y tú seas (o puedas
posicionarte como) el conducto para que lo logren. Esto también
incluye las situaciones de compra y venta, sin importar quién compra, quién vende, y qué producto o servicio se está comerciando.
Por lo tanto, todas las situaciones en tu vida personal y en el trabajo

tienen el potencial de ser negociadas. En el ámbito laboral, algunos ejemplos son:

> La ubicación de tu escritorio u oficina
> La cantidad de días que trabajas desde casa
> Tu título en el trabajo
> Qué porcentaje te cubrirá la empresa de los estudios si estás sacando una maestría
> A qué país extranjero te trasladarás en tu próxima posición

Y aquí hay algunos ejemplos del ámbito familiar:

> Qué días de la semana te toca cocinar
> Quién busca los niños en la guardería al final del día
> Cuántas horas por día pueden usar tus adolescentes la computadora fuera del uso académico

Como ves, la lista es interminable porque la realidad es que en la vida casi todo está sujeto a negociación. Tal vez al ver cuán permeada está nuestra vida cotidiana de pequeñas negociaciones y cuán exitosa eres en algunas de ellas, te sacudas el prejuicio y puedas encarar las negociaciones profesionales con mayor naturalidad.

El rincón de Arturo Poiré

"Si uno no se muestra seguro de sí mismo y expresa sus necesidades, planes, etc., negociar se hace muy cuesta arriba. Es decir, se vuelve a esto de "esperar a ser reconocido" algo a lo que, en términos generales, tienden las mujeres. En cualquier negociación, aquel que logra transmitir seguridad, convicción en sus ideas, certeza de que lo que está pidiendo es merecido, lleva una ventaja. El otro aspecto que impacta a las mujeres tanto latinas como no latinas es el manejo de las emociones. Los mejores negociadores logran controlar sus emociones, mostrarse como racionales y nunca se toman nada de forma personal. Sin embargo, muchas mujeres cuando están furiosas o frustradas lloran como una reacción biológica difícil de controlar. Mi sugerencia es que no acumules tu frustración sin expresarla porque eso termina explotando. Y segundo, si en una reunión te saltan las lágrimas de bronca, que puedas explicar lo que te está pasando. He visto a muchas mujeres hacer esto y es efectivo para que la gente entienda que no llora porque es débil sino porque está enojada o frustrada".

Encuentra tu propio estilo

Lo primero que me gustaría enfatizar es que cada una debe encontrar su propio estilo de negociación igual que estás encontrando tu propia definición de éxito. Y aunque en este capítulo te doy algunas distinciones que pueden ayudarte a negociar lo que te propongas conseguir, nada tendrá sentido si tratas de imitar el estilo de otra persona o usar estas herramientas sin convicción. Como dice Carla Dodds de Walmart U.S., "A mi me contrataron en Walmart por mi capacidad de negociar. He negociado contratos de billones de dólares. Cuando entrené a las mujeres de mi equipo les dije a todas: 'no trates de negociar como yo. Yo te voy a dar los elementos básicos para que sepas las claves de una buena negociación pero una vez que te sientas cómoda vas a encontrar tu propia voz y nadie te va a ganar'".

Así como no es una buena estrategia imitar el estilo de un hombre no es buena idea imitar a otra mujer que tiene un estilo que a ella le funciona pero que tal vez no sea el mejor para ti.

123

La estrategia ganadora

Cuando se trata de negociar a nivel profesional, te sugiero tener en cuenta los siguientes pasos para obtener resultados óptimos en tus negociaciones.

Primero, decide qué es lo que quieres. Ponte un objetivo claro. Por ejemplo, si estás negociando un nuevo empleo, decide de antemano cuánto es lo mínimo de salario que aceptarás teniendo en consideración tu experiencia, tu historia salarial, cuánto se paga en la industria por tus habilidades, cuánto paga esa compañía en particular, y la situación de oferta/demanda del mercado en el momento histórico en el que te encuentras. (Para este ejemplo con el que trabajaremos un rato, supongamos que pides $100.000 y que el mínimo que puedes aceptar son $75.000). Decide qué beneficios quieres recibir. Haz una lista de todo lo que desees en orden prioritario. Por ejemplo, horario flexible, un asistente administrativo, quieres que te den un auto, una tarjeta de crédito de la compañía, y cinco semanas de vacaciones. Y si bien este ejemplo es para negociar un nuevo empleo, debes tener en cuenta los mismos pasos si quieres negociar un contrato para tu propia compañía.

La voz de la experiencia

"Siempre tienes que hablar del valor que aporta tu propuesta: "Mira, esto es lo que pienso, esto es lo que quiero, este es el beneficio para la compañía y esta es la manera en que esto me beneficiaría a mi", cuenta Gloria Ysasi-Díaz.

Segundo, ponte en el lugar de la persona con quien estás negociando ya que no hay mejor estrategia que la llamada *win-win*. Es decir, aquella en la cual todas las partes involucradas ganan algo en la negociación. Como dice Gloria Puentes, Directora Nacional de la Campaña Dignidad y Respeto del University of Pittsburgh

Health Center: "Ser una buena negociadora no significa necesa-riamente que uno consigue cerrar el trato todas las veces sino que uno gana a lo largo del tiempo. Para mi, ser una buena negociadora significa encontrar un terreno común, que todas las partes ganen".

Pregúntate entonces: ¿Qué beneficio está buscando la otra parte o qué beneficio saca de la negociación conmigo? ¿De qué manera puedo presentar mi propuesta teniendo en cuenta las necesidades de todas las partes? Para que este tipo de estrategia te de resultado, es preciso que te interiorices lo más posible sobre la situación de la otra parte antes de llegar al momento de negociar. Conocer sus objetivos, a quién quiere impresionar, qué desafíos enfrenta, situa-ción política dentro de su empresa y demás detalles de la situación del otro, te dará herramientas para presentar un plan atractivo. En este caso, supongamos que hace tiempo que la posición está abierta, necesitan a alguien con tus habilidades, conocimiento y experiencia que pueda empezar de inmediato ya que acaban de lanzar una nueva división y les hace falta la cabeza de la operación.

La voz de la experiencia

"Para poder negociar en las Fuerzas Armadas, yo investigaba como si fuera un abogado. Lo más importante era prepararme para lo que me fueran a preguntar porque esa es la mejor manera de negociar. No venir desde una perspectiva emocional sino traer los hechos a la mesa. 'Porque yo quiero' no es suficiente. Hay que anticipar las preguntas y ponerse en la perspectiva de la persona con la que estás negociando", cuenta Cristina Vilella, Teniente Coronel de la Fuerza Aérea de los Estados Unidos, retirada.

Tercero, decide qué estás dispuesta a ceder en la negociación. Por ejemplo, la posibilidad de trabajar desde casa y tener un asis-tente son dos ítems innegociables pero puedes vivir sin la tarjeta de crédito y sin el auto.

Cuarto, debes resolver cuál es tu piso. Es decir, el punto en el cual dirás "no" a la oferta y te irás de la mesa de negociaciones (o renunciarás a tu puesto si es que estás negociando un aumento) porque no reúne el mínimo que estableciste antes de iniciar la negociación. Si no tienes claras tus prioridades, es decir, cuáles elementos puedes ceder y cuáles no, no tendrás suficiente flexibilidad para negociar y si no tienes un piso mínimo por debajo del cual no aceptarás el puesto, no tendrás una posición lo suficientemente fuerte para negociar todo lo que podrías con tu posible empleador. La gente sabe cuando estás negociando desde un lugar de fuerza y miden hasta dónde pueden empujarte teniendo claro que si no se acercan a tu mínimo, te perderán.

Quinto, debes pedir lo que quieres. Si te preparas y nunca llegas a pedir lo que quieres, nadie adivinará lo que es. Si estás pidiendo un aumento de salario, prepara una lista de tus logros y de cómo han impactado a la compañía y entrégasela a tu jefe con antelación a la reunión para discutir tu compensación. Junta toda la información necesaria para asistir a la reunión con elementos objetivos que apoyen tu pedido (por ejemplo: cuánto ganan otras personas en posiciones similares y con tus mismas destrezas, situación económica de la compañía, etc.) Practica lo que le vas a decir a tu jefe para que tu presentación se oiga racional y basada en elementos que a tu jefe y a tu compañía les interesan y no en "me merezco este aumento porque hace cinco años que trabajo aquí".

Puedes usar esta misma estrategia para negociar cualquier cosa. Siempre que identifiques las necesidades de las partes involucradas, conozcas la situación de la competencia y del mercado y presentes propuestas que tomen todos estos factores en consideración, tendrás muchas mejores oportunidades de salir satisfecha.

La voz de la experiencia

"En una negociación es importante que ambas partes protejan su imagen (*save face*). Aquí hablamos mucho de esto cuando hablamos de hacer negocios en Asia y no nos damos cuenta de que en Estados Unidos la gente también tiene que salvar la cara. Todo el mundo tiene ego, y cuando uno negocia debe tratar de darle una salida al otro para no avergonzarlo, para que no sienta que cedió todo y no recibió nada a cambio o que llegó a un acuerdo que en el fondo lo perjudica", dice Susan Landon, reclutadora ejecutiva en DHR International.

¿Qué pasa cuando no obtienes lo que buscas?

Cuando las negociaciones fallan y no se logra llegar a un acuerdo, una de las partes (en este caso tú) puede tomar otro camino, el de la mejor alternativa a un acuerdo negociado, BATNA,[13] por sus siglas en inglés (*best alternative to a negotiated agreement*). Es importante no confundir BATNA con el piso que tú estableciste como el mínimo requisito que necesitabas y que en caso de no obtener, sería la causa de que te retiraras de la negociación. Ese piso, es tu "en el peor de los casos, acepto esto".

El propósito de BATNA es determinar un curso de acción si no se alcanza un acuerdo dentro de un cierto período de tiempo. Como BATNA es la mejor alternativa a un acuerdo negociado, te permite mayor flexibilidad e innovación que cuando sólo te fijas en ese piso predeterminado. La idea no es que inicies tus negociaciones poniendo tu BATNA en la mesa, pero sí que lo tengas preparado en caso de que las cosas no salgan como esperas.

Para entender este concepto, debes reconocer que cuando negocias, entran en juego factores que van más allá de lo que estás negociando en ese preciso instante y que suelen ser difíciles de

---

13. El concepto de BATNA fue desarrollado por Roger Fisher y William Ury del programa de negociación de Harvard en su libro *Getting to Yes*.

evaluar cuantitativamente. En el caso del ejemplo anterior, donde estás negociando una oferta de empleo, no sólo está tu salario en juego sino también otros factores como las relaciones con las personas involucradas, la confianza que te merece la otra parte de que va a cumplir con el acuerdo, el valor del tiempo y el esfuerzo invertido en el proceso de la negociación, etc.

Veamos un ejemplo de BATNA en acción

Recibes una oferta de $100.000 de la empresa Acme. Cuando te entrevistes con otros posibles empleadores, tu BATNA es de $100.000 pues ya tienes esa oferta en la mano sin necesidad de sentarte a negociar con otra compañía. Ahora, fíjate en estas alternativas.

➢ Recibes una oferta de $85.000 de una compañía que está en tu mismo barrio lo que te permitiría reducir el tiempo y costo de transporte y regresar a casa en un horario normal para disfrutar a tu familia.

➢ Recibes una oferta de $60.000 de salario básico más un bono anual que potencialmente podría llegar a otros $60.000.

➢ Recibes una oferta de $90.000 de una persona a quien conoces hace muchos años y con quien tienes una relación estrecha.

TU VOZ POR MEDIO DE LAS REDES SOCIALES

"En una negociación nunca hay que tomarse las cosas en forma personal y si sientes que vas a perder un punto, cede un poco y tal vez consigas algo que no estabas esperando", comparte Miriam Fabiancic a través de Facebook.

Para preparar tu BATNA, a ti te favorecen dos rasgos característicos de las personas criadas en familias latinas: la capacidad de pensar en forma creativa y por fuera de los parámetros de pensamiento corriente y la habilidad de resolver problemas no importa cuán complejos sean. Entonces:

➢ Piensa con algún amigo o colega en todas las alternativas que considerarías si la negociación falla.
➢ Elige las alternativas más prometedoras y desarróllalas para ver si te funcionarían.
➢ Identifica la mejor de las alternativas y mantenla en reserva por si necesitas usarla como segunda opción durante las negociaciones.

Sigamos con el ejemplo. Durante las conversaciones con Acme te ofrecieron $100.000 y te dijeron que no pueden darte el auto, ni la tarjeta de crédito. Tampoco pueden ponerte un asistente. Estás pensando que tal vez Acme no sea tu mejor opción ya que no parecen preparados a darte lo que tú deseas. Antes de la última reunión con ellos has analizado todas las otras ofertas y decides presentar esta alternativa (tu BATNA) $100.000 de salario por trabajar cuatro días por semana de 9 a 7 de la noche, 5 semanas de vacaciones, libertad para contratar pasantes (*interns*) a tu discreción y un título más importante que el que te ofrecieron inicialmente.

Cuando se trata de avanzar en tu carrera, ten en cuenta que una de las maneras efectivas en que los hombres avanzan es renunciando y entrando a trabajar en otro lugar en el cual les ofrecen mejor salario y una posición de mayor responsabilidad. Las mujeres no parecen tener la misma soltura para negociar una mejor oferta en otro trabajo y renunciar al suyo pero es una estrategia que debes considerar.

La voz de la experiencia

"Las mujeres se quedan en las compañías demasiado tiempo esperando que las reconozcan y les den ascensos. Hace mucho tiempo, cuando yo me quejaba de que en mi trabajo no me valoraban y no me estaban dando las promociones que me merecía, un amigo me dijo: 'Tú tienes que respetarte a ti misma. ¡Cámbiate de compañía!'. Si conoces la industria, búscate otra empresa donde seas más valorada. Una mujer me dijo hace muchos años que la mayoría de los ascensos que consiguió en su trabajo no fueron porque hizo una buena labor sino porque tenía una oferta en algún otro lado. Para las mujeres es un concepto difícil porque nos parece que estamos engañando a nuestro novio. Pero es crítico establecer una red de contactos en tu industria y en industrias que se parezcan a la tuya en las cuales tus destrezas sean aplicables", dice Catherine McKenzie, Senior Producer at Good Morning America (ABC).

Ser auténtica

Cuando observas los resultados que obtienen los hombres negociando, versus los que obtienen las mujeres, es fácil caer en la tentación de imitar su estilo. Tal como cuenta Mika Brzezinski en su libro *Knowing your Value* (Weinstein Books, 2010), muchos hombres (incluyendo a Joe Scarborough, su co-anfitrión en el programa de MSNBC *Morning Joe*) levantan la voz, usan malas palabras, blanden un dedo acusador enfrente de la cara de sus jefes, amenazan con renunciar y a los pocos minutos, luego de conseguir lo que buscaban, terminan hablando de deportes y yendo a tomar una cerveza juntos.

El problema que enfrentamos las mujeres es que la mayoría de nosotras no nos sentimos cómodas al actuar así porque los mandatos que hemos recibido desde muy chicas contradicen por completo este comportamiento. Nos hemos entrenado para ser niñas buenas y complacientes, para no pelear, no levantar la voz, y no decir malas palabras. ¿Cuántas veces no te dijo tu mamá: "Las damas no dicen palabrotas"? Llevamos estos mensajes tan arraigados que no vemos que forman parte del filtro por el cual pasamos todas las situaciones de negociación. Tantos años después de haber sido inscriptos en nuestra conciencia, sólo decimos: "No sé negociar" o "Esta no soy yo". Pero si logras desarmar este mensaje como practicaste al principio del libro verás que tú puedes declarar una nueva realidad para ti. Y esa realidad puede ser: "Me declaro una excelente negociadora".

La voz de la experiencia

"Uno de los obstáculos más grandes que he tenido fue entender que me merezco un asiento en la mesa de negociaciones y no sentir que tengo que probar que lo merezco. En el momento en que trato de probarlo, pierdo terreno en el ámbito profesional y personal. Una gran parte es la autoaceptación pero la otra es darse cuenta de que todo el mundo que está en esa mesa tiene sus propias inseguridades y desafíos igual que yo.

Para mí, la mejor estrategia de negociación que hay es estar preparado para levantarse de la mesa e irse. Saber cuáles son tus límites y conservarlos. En ocasiones he estado demasiado desesperada y acepté menos de lo que quería. Sólo cuando tuve la capacidad de levantarme de la mesa porque el negocio no me convenía me sentí fuerte. Tuve miedo, sí, pero me sentí orgullosa de haber defendido mis propios intereses. Una vez que lo haces la primera vez, suele ser más fácil hacerlo de nuevo si uno tiene presente que el mundo no se va a acabar porque uno no acepte esa negociación, que siempre habrá otra", comenta Christine LeViseur Mendonça, Directora Gerenta de Shore to Shore Advisory, LLC, y la Directora de Operaciones de Latinos in College.

Ahora, los estudios dicen que esa actitud agresiva que a menudo asumen los hombres genera una percepción negativa de nuestro género. Y si bien me encantaría que existiera una vara igualitaria para medir el comportamiento de hombres y mujeres, la realidad es que no la hay. Cuando un hombre actúa de esta manera se lo considera temperamental, que sabe lo que quiere, que es buen negociador. A una mujer en cambio se la juzga como loca, una *bitch* (perra) o que está pasando por "uno de esos días". Parece imposible ganar en esta batalla por pedir lo que quieres y negociar a tu favor, pero no lo es.

El secreto es saber lo que vales, mantener tu integridad, ser auténtica, crear alianzas con hombres que puedan apoyarte a lo largo de tu negociación y estar dispuesta a marcharte si no consigues lo mínimo que te propusiste aceptar. Si está lejos de tu personalidad hablar con malas palabras, no lo hagas. Si lo tuyo no es andar amenazando a tus jefes con renunciar, evita ponerte en esa situación. Como siempre, la idea es adaptar los elementos que te sirvan para conseguir tus propósitos sin que por ello dejes de ser quien eres e impactes de manera negativa tu imagen. Entonces, si necesitas aprender a negociar y a pedir lo que quieres, usa los recursos de este capítulo y busca ayuda adicional para aprender a hacerlo. No intentes simplemente copiar lo que hacen los hombres de tu entorno sin tomar en consideración todo lo que se te juega en un cambio de actitud de ese tipo.

TU VOZ POR MEDIO DE LAS REDES SOCIALES

"Realmente, en el mundo corporativo, todo gira alrededor del dinero. Por lo tanto las mujeres deben afilar sus conocimientos financieros y asegurarse de que los ingresos y la rentabilidad sean componentes centrales de su desempeño laboral. Desarróllalos, úsalos y aprende como mercadear tu habilidad de traer ganancias a tu compañía. A ésto, agrégale la habilidad de negociar. Cuanto más dinero traes por medio de negociaciones, más te buscarán para trabajar contigo", comparte Midy Aponte, Fundadora y CEO de la consultoría Sánchez Ricardo Agency, por Facebook.

Me gustaría terminar el capítulo con algo que me dijo Daisy Auger-Domínguez de Time Warner, Inc. cuando le pregunté qué rol había tenido el ser una buena negociadora en su carrera: "Me recuerda una gran frase de Martin Luther King Jr.: 'Un líder genuino no es alguien que busca consenso sino alguien que modela el consenso'. Uno de mis mayores logros ha sido combinar mi conocimiento y experiencias de tal forma que me ha permitido surgir como una negociadora efectiva. Lo hago navegando con cuidado y sensibilidad los intereses competitivos de las diversas partes interesadas, estableciendo asociaciones genuinas con colegas y participantes críticos, formulando iniciativas estratégicas y balanceadas y entregando magníficos resultados. Esta es una destreza que refino día a día y que es la fundación de mis logros profesionales".

Creo que todas podemos usar una buena dosis de la actitud de Daisy a la hora de negociar.

Capítulo 8

Cómo crear una impresión

positiva en tus jefes

Hablan las famosas: Dra. Aliza Lifshitz

Aliza Lifshitz, más conocida en los Estados Unidos como la Dra. Aliza, es la co-presidenta y directora editorial del website www.vidaysalud .com. Desde 1988 ha sido la experta en salud de la cadena Univisión donde actualmente tiene un programa semanal de radio en vivo llamado "El Consultorio de la Dra. Aliza". Millones de personas la conocen por su tarea en los medios como columnista de *People en Español, Ser Padres* y periódicos de ImpreMedia como *La Opinión* en Los Ángeles y *El Diario La Prensa* en Nueva York. Además de todo su trabajo mediático, Aliza mantiene su práctica privada y está muy activamente envuelta con la comunidad médica.

P: *En tu camino a convertirte en quien eres hoy en día ¿cuál fue el mayor desafío al que te enfrentaste por ser mujer o por ser latina y de qué manera lo superaste?*

R: El mayor desafío fue quizá al finalizar mi cuarto año de carrera en la ciudad de México, en donde nací y en donde estudié. Tenía que seleccionar el hospital en donde haría mi internado de pregrado. En México, cuando estudié Medicina, había muy pocas mujeres que es-

135

tudiaban lo mismo. De hecho, en toda mi carrera sólo tuve una profesora que era mujer, todos eran hombres. Esto significa que los hospitales no estaban preparados para recibir a las mujeres para hacer internados ya que eso implicaba que se tenían que quedar en guardias de 24 o 36 horas y que tenían que tener cuartos en donde podían descansar o dormir y bañarse durante ese tiempo, si había la oportunidad. Esto estaba organizado para los internos del sexo masculino.

Cuando yo solicité hacer mi internado en un hospital que tenía una reputación maravillosa desde el punto de vista educativo y del trato para los pacientes en aquel entonces, el Hospital de la Beneficencia Española, jamás habían tenido a una interna mujer. Y el personal de enfermería estaba representado por monjas.

El Director del Departamento de Internos y Residentes a cargo del Programa de Educación del Hospital, después de pedirme que me entrevistara con otras cinco personas, incluyendo cuatro médicos y la jefa de enfermeras, me dijo que me aceptaría en el programa si yo me comprometía a no ir a su oficina a quejarme, ni a ir a llorarle a las enfermeras ya que ellas no querían mujeres en el programa. Me dijo que no tenían cuartos para internas, que las enfermeras me asignarían uno de los cuartos de los pacientes que sería diferente cada vez que yo estuviera de guardia, dependiendo de cuál estuviese disponible ese día. Me dijo que si eso era de mi agrado, que todos los doctores, incluido él, estarían muy contentos de tenerme en el hospital y me darían la bienvenida.

Dentro de mi pensaba, ¿qué tan terrible puede ser esto? Yo no había tenido mucha experiencia con monjas anteriormente, pero pensaba que si eran mujeres que habían decidido dedicar su vida a Dios y, además trabajaban como enfermeras, deberían ser buenas personas. Además pensé que habitualmente yo no tenía problemas para relacionarme con otras personas y yo iba al hospital a aprender y a trabajar con mucho entusiasmo de haber sido aceptada en un hospital de ese prestigio.

Cuando empecé mi internado aprendí que definitivamente no me querían allí. No creo que fuera nada personal porque ni me conocían. Creo que era alguna idea que tenían de tener a doctores hombres y mujeres durmiendo en el hospital. A veces no me asignaban un cuarto hasta la 1 o las 2 de la mañana. Y en muchas cosas en donde ellas con su experiencia ayudaban a mis colegas internos que recién empezaban, a mí no me ayudaban. Nunca fui a llorarle al director del departamento, pero sí derramé muchas lágrimas sola, en mi casa y fueron unos de los meses más difíciles de mi vida. Después de varios meses fui a hablar con la jefa de enfermeras porque me pareció que el trato que estaba recibiendo era injustificado e injusto. La conversación no fue fácil, la confronté y finalmente ella se dio cuenta de lo que yo había estado viviendo. Las cosas empezaron a cambiar. Después de ese año empezaron a aceptar a otras mujeres en ese hospital, abrieron algunos cuartos designados para mujeres interesadas en internados y posteriormente residencias.

P: *Si pudieses seleccionar una o dos cosas que piensas que podrían aumentar la representación de las mujeres en los niveles más altos de toma de decisión, ¿cuáles serían?*

R: Asegurarnos que les enseñamos a las niñas desde que son pequeñas que pueden lograr lo que ellas se propongan. Que los niños no necesariamente son mejores en matemáticas, ciencias y biología. Que aunque hay carreras que pueden ser un poco más difíciles de combinar con una vida familiar, si eso es lo que realmente desean hacer, que sigan sus sueños. Y para las mujeres que ya están en posiciones de poder, que ayuden a otras latinas. Muchas veces las mujeres son las que dificultan el camino de otras mujeres. Nosotras podemos ayudar a cambiar esto, está en nuestras manos.

P: *¿Cuál ha sido tu experiencia con mentores?*

R: Debido a que cuando estudié medicina el 99 por ciento de los médicos eran hombres, la mayoría de mis mentores en esta etapa de mi vida fueron hombres. Recuerdo especialmente a uno a quien admiro no sólo profesionalmente por sus conocimientos, sino por su integridad al practicar la medicina, su respeto con los pacientes y su calidez con ellos. Sin embargo, mis primeros mentores y los más importantes en mi vida fueron mis padres y de ellos aprendí las cosas más relevantes, la calidad humana, la honestidad, la compasión, el respeto a todos los seres humanos y el resto de los valores que determinan mi vida.

Tal vez uno de los mayores desafíos que enfrentan las mujeres a la hora de crecer profesionalmente es crear una impresión positiva en individuos de mayor jerarquía (sean sus jefes o no) dentro de las organizaciones en las cuales trabajan, más cuando en el mercado actual, puedes tener que reportar a varias personas distintas, algunas de las cuales tal vez ni siquiera estén en el mismo lugar físico que tú.

Voy a dejar que Arturo Poiré introduzca el tema en sus propias palabras para que nos de el marco de esta conversación.

El rincón de Arturo Poiré
✦

"La idea de crear una imagen positiva con nuestros jefes y superiores en general tiene por detrás la noción de que las personas con más jerarquía que nosotros (*seniors*) necesitan/valoran cosas diferentes que los que tienen menor jerarquía (*juniors*) o incluso que nuestros pares, y eso es cierto. No sólo necesitan/valoran cosas diferentes sino que también le asignan diferente importancia a tus habilidades y comportamientos. ¿Cuáles son las características más valoradas por la gente de mayor jerarquía? Ser responsable, tener un sentido de urgencia, ser confiable, tener buen juicio para priorizar, saber comunicarse efectivamente, mostrar buena predisposición hacia cosas nuevas, estar abierto a nuevas ideas y estar dispuesto a trabajar de manera voluntaria. Claro que todas estas características son positivas sin importar tu deseo de generar una impresión positiva en tu jefe, pero la ausencia de ellas tiene un impacto desproporcionado en cómo te van a percibir los colegas de mayor jerarquía en una organización.

"Respecto a las diferencias entre hombres y mujeres: En términos generales, las mujeres tienden a tener un perfil más bajo y a pensar que deben enfocarse en hacer su trabajo y que su esfuerzo será reconocido, mientras que los hombres tienden a ser más activos a la hora de mostrar sus cualidades y sus contribuciones. Para poder crear una impresión positiva de manera más efectiva debes crear visibilidad a tu trabajo y tus contribuciones, y en un mundo con tanta información, la atención va hacia donde es 'llevada'. También los hombres tienden a ser más osados en cuanto a emitir sus opiniones y dar 'pronósticos', mientras que las mujeres prefieren tomar un camino más exhaustivo es decir, reunir información y analizarla antes de dar su opinión".

Este tema lo venimos abordando desde los capítulos anteriores en donde hemos visto cómo algunos rasgos femeninos combinados con nuestra cultura pueden ponerte en una posición más pasiva de la necesaria para cumplir tus metas. Aprender sobre lo que quieres, lo que vales y lo que traes a la mesa, siguen siendo claves para obtener la visibilidad de la que habla Arturo.

La voz de la experiencia

"Si no le aportas valor a tus jefes, llegado el caso, ellos no saldrán a defenderte", dice Lucía, co-fundadora de un nuevo sitio web de Cafemom.com, que se lanzará para atender las necesidades de las madres hispanas.

Convierte a tu jefe en tu aliado

Una buena estrategia para mantener una relación productiva con tus jefes es convertirlos en tus mentores y aliados. Y si bien hablaré en mayor profundidad sobre el tema de mentores en otro capítulo, sólo quiero mencionarte que en el caso de la mayoría de mis entrevistadas, sus mentores por lo general fueron siempre sus jefes y los jefes de sus jefes porque, como dice Gloria Ysasi-Díaz, Vicepresidenta de Cadena de Suministros de Grainger, "cuando tus jefes toman un interés en tu desarrollo, en ayudarte a crecer y en protegerte, tienen mayor capacidad de impactar lo que haces o dejas de hacer en tu carrera".

TU VOZ DESDE LAS REDES SOCIALES

A través de Facebook, Will Robalino, Controlador de Producto en UBS, comenta que habiendo trabajado tanto para hombres como para mujeres, el dicho en inglés que dice que hay más de una manera de construir una trampa para ratones, es cierto. "Hay diferentes maneras de atacar un desafío y triunfar. Honestamente creo que si pudiera haber más grupos con un co-liderazgo de un hombre y una mujer habría más grupos exitosos. En nuestra compañía, yo co-lidero nuestra área de diversidad con una mujer y constantemente nos cubrimos los puntos ciegos del otro para conseguir una estrategia de diversidad muy exitosa".

Según gran cantidad de estudios y encuestas en diversos países, la mayoría de las mujeres (y de los hombres) prefiere trabajar para un jefe que para una jefa. Mi propia investigación para este libro confirma los datos lo cual es triste cuando piensas que por primera vez en el año 2010, en los Estados Unidos, el número de mujeres en la fuerza laboral superó al de hombres. Y con un mayor porcentaje de mujeres graduándose de la universidad y preparándose para liderar, esta realidad no es muy promisoria.

TU VOZ DESDE LAS REDES SOCIALES

En respuesta a la pregunta de si existe una diferencia entre cómo crear una imagen positiva con tu jefe dependiendo de si es hombre o mujer, Beatriz Quezada, Senior General Ledger Accountant en McCann Erickson, compartió por Facebook: "Sí, hay una diferencia. Rara vez he disfrutado trabajar con una jefa porque las mujeres se toman todo en forma demasiado personal. Es difícil encontrar jefas mujeres que manejen a los empleados con la lógica en lugar de con las emociones. Me he cruzado con algunas excelentes jefas pero eran mayores y tenían más experiencia. Los desacuerdos con jefes hombres suelen desaparecer rápido (porque sólo se trata de "negocios"). Las mujeres suelen ser más rencorosas. Es una pena que no todas las mujeres hayan aprendido a dejar las emociones en casa".

¿A qué se debe esta preferencia generalizada por jefes hombres? La evidencia anecdótica apunta a que las mujeres son más competitivas entre sí, pueden ser traicioneras, celosas, no apoyar a otras mujeres que están en posiciones jerárquicas menores, suelen ser excesivamente emocionales, e impulsivas. El problema es que estas percepciones te afectan a ti tanto como a tu jefa porque si quieres liderar, alguien deberá darte una oportunidad. Y si la percepción de que las mujeres son malas jefas se extiende a ti, será difícil obtener ese puesto que deseas. O sea, que no sólo debes aprender a hacer una buena impresión con tu jefa sino que debes estar en permanente estado de auto observación para evitar ser presa de estereotipos similares.

Lo que suele ocurrir, casi naturalmente, es que diversos grupos minoritarios caen en una mentalidad de supervivencia y se pelean entre sí por el limitado poder al que tienen acceso. (Esto no sólo lo puedes observar en el mundo laboral. Es bien visible en países en los cuales las diversas tribus se pelean a muerte entre sí mientras otro grupo sigue en el poder). Entre las mujeres pareciera darse un fenómeno similar.

Hace unos años escuché presentar en una conferencia a una reconocida periodista latina. Durante su presentación mencionó varias veces el hecho de que había sido la primera periodista latina en tal o cual canal de televisión y en tal o cual periódico y se lamentó reiteradamente de la falta de representación de latinos en los medios en inglés.

Sin embargo, yo llevaba años intentando contactarla para que me ayudara a abrir algunas de esas puertas que ella misma, ahora que estaba en una posición de gran prestigio, se ocupaba de mantener cerradas para otros. Me acerqué a ella durante ese evento en que ambas presentábamos y volví a reiterarle mi interés en explorar posibles proyectos que podríamos hacer juntas. Entusiasmada me contestó que la llamara, pero nunca respondió a mis llamados.

Este tipo de actitud con el cual me he encontrado más de una vez en mi carrera, refleja una gran inseguridad y una creencia de que la torta tiene un tamaño fijo y que si la partimos en pedazos, cada uno tendrá menos que antes. Pero la realidad es que cuando incluyes a otras mujeres en tu equipo, las apoyas y las ayudas a crecer en sus respectivas carreras, estás agrandando la torta para todas las mujeres. Estás contribuyendo a crear un ambiente laboral donde es más normal ver mujeres en puestos gerenciales y ejecutivos.

Y nuevamente, todo depende de cómo uses el lenguaje para explicar tu falta de apoyo a otras mujeres. Si decides que ayudar a que otras crezcan divide "la torta" de puestos ejecutivos disponibles en trozos más pequeños para cada una, les darás lugar a acciones que confirmen esa declaración. Si al contrario, decides que la torta se agranda para todas al hacer que las organizaciones den más oportunidades a las mujeres en general, alinearás tus acciones con esta afirmación. Los resultados que obtendrás serán muy diferentes en uno u otro caso.

La voz de la experiencia

"Estas diferencias entre grupos minoritarios (o entre mujeres) son inefectivas y lastiman a todos. No creo que la gente se deba focalizar en eso. El mayor problema es que los grupos que tienen el control se sienten incómodos con personas que se ven diferentes a ellos (género, raza, etnia, etc.) en lugar de pensar que la diferencia expande los horizontes. El problema central no es la falta de destrezas de las mujeres sino cómo motivar al grupo en control para alterar el balance que existe hoy. No hay que cambiar a las mujeres sino que hay que cambiar el ambiente laboral. Y una de las soluciones es no promocionar a una sola persona. La idea es traer a un grupo que se vea físicamente distinto al grupo existente. Por ejemplo, traer a tres mujeres a un grupo de diez hombres. O tres latinas a un grupo de diez mujeres anglosajonas. Al final del día, esta es la estrategia que me ha resultado más exitosa", comparte Gloria Ysasi-Díaz, vicepresidenta de Cadena de Suministros de Grainger.

Una buena dosis de empatía por tu jefa te aportará grandes beneficios

Un buen primer paso es entender la historia personal de tu jefa para desarrollar un nivel más profundo de empatía hacia ella. Para eso, además de lo que puedas investigar por tu cuenta, sería importante que encuentres oportunidades para conversar fuera de la oficina en un lugar relajado. Tal vez durante un almuerzo o cuando vayan en camino a algún evento. Cuanto más sepas sobre su vida, sus dificultades de niña (¡los mensajes que *ella* recibió!) situación familiar, y sus metas personales y profesionales, más fácil te resultará comprenderla y por consiguiente, tratarla. Por ejemplo, una amiga que tiene un alto puesto en una compañía de medios, tenía una jefa para la cual nunca nada era suficiente y además la maltrataba en público. A mi amiga le daba vuelta el estómago cada vez que su jefa la llamaba a la oficina y vivía en un estado de ansiedad constante, lo cual afectaba su productividad. Con el paso del tiempo pudo identificar que su jefa había tenido una infancia abusiva y que la única manera en que se sentía cómoda era manteniendo un control absoluto sobre su equipo. Al mismo tiempo, mi amiga se dio cuenta de que ella reaccionaba en forma exagerada al abuso porque le traía memorias de su propio padre alcohólico para el cual nunca nada era suficiente. Volvemos a los conceptos del principio de este libro, donde revisaste todos esos mensajes que recibiste muy tempranamente y que sin embargo se activan ahora, cuando de adulta te encuentras con alguien que de alguna manera te los recuerda. Tómate unos minutos para agregar a tu lista algunas frases que, al escucharlas en la actualidad, te provocan una reacción visceral. De esa manera podrás rastrear su origen y reconocer que lo que te produce ese malestar no es lo que te está diciendo tu jefe/a en este preciso instante sino el recuerdo que este comentario está activando.

TU VOZ DESDE LAS REDES SOCIALES

"Tuve una jefa que era directora de recursos humanos en una entidad semi-gubernamental que se estresaba tanto con algunos empleados que les gritaba en su oficina. Todos escuchaban los gritos y sabían que había que mantenerse alejado de ella después de esos encuentros porque ella se quedaba de muy mal humor. Como me importaba el trabajo, me ocupé de aprender cómo sacarla de ese mal humor en lugar de ignorarla como hacía todo el mundo. Tenía un ego que necesitaba ser alabado constantemente (más tarde averigüé que durante su infancia no la habían alabado lo suficiente). El elogio podía ser algo tan simple como decirle qué bien olía su perfume, o que lindo traje llevaba. Pero cuando realmente la acerté fue cuando admiré su inteligencia. Había hecho un gran esfuerzo para terminar su título universitario como adulta pero lo había obtenido de una universidad para adultos que trabajan y que no tenía un proceso selectivo de admisión tal como tienen las universidades prestigiosas. Identificar esta necesidad emocional de ella probó ser tan efectivo que a mí nunca me gritó, lo cual dejó a los demás preguntándose por qué era que yo le caía tan bien. No disfruté de manipularla de esta forma pero siempre hay que encontrar la manera de evitar conflictos en la oficina cuando estás trabajando con individuos tan emocionales y volátiles", comparte Beatriz Quezada, Senior General Accountant en McCann Erickson, a través de Facebook.

Olvida los prejuicios

Si entras en relación con una nueva jefa con la creencia de que las mujeres son pésimas supervisoras, lo más probable es que verifiques tu creencia. Veamos cómo se da esta secuencia en el lenguaje:

Conoces una persona y en el mismo momento en que la conoces, en lugar de estar presente, estás en tu cabeza pensando: "Mmm… tiene el cabello teñido de rojo, ese color no le queda bien, qué lindo cutis tiene, sí pero se la ve muy obsesionada con su apariencia, debe ser una súper controladora, y estoy segura de que mi jefe anterior le dijo que soy muy independiente y va a querer tenerme con la correa al cuello, pero yo le voy a demostrar que conmigo no puede…" etc., etc., etc.

Es decir, la persona no tiene la más mínima posibilidad de caerte bien porque la pasaste por tus filtros internos (basados en tu experiencia, tus creencias, tus propias emociones) y al hacerlo, ni siquiera escuchaste lo que te estaba diciendo. Esta es una de las razones por las cuales no recuerdas el nombre de una persona que acabas de conocer, diez segundos más tarde. Porque mientras te estaban diciendo su nombre, tú mantenías un monólogo interno parecido al de arriba. Además del monólogo conciente, hay otros factores sutiles como aromas, hormonas, energía, etc., que también entran en juego durante estos intercambios, sumados a que la otra persona está teniendo un monólogo interno sobre ti.

En consecuencia, tú actuarás de una determinada manera con esta persona y ella reaccionará de acuerdo a como tú actúes y la trates. Por eso, es difícil que aquellas personas que odian a sus jefes tengan jefes que están encantados con ellas. Las relaciones, son siempre de a dos y cuando tu jefe percibe tu hostilidad, es probable que reaccione con una dosis propia de hostilidad hacia ti.

TU VOZ DESDE LAS REDES SOCIALES

John Pout escribe a través de LinkedIn: "Para mí no hay ninguna diferencia si el jefe es hombre o mujer. La estrategia es la misma y es entender y apoyar sus motivaciones personales y profesionales. Y también entender cómo trabajan para reflejar esas expectativas en mis resultados".

Para tener mejores resultados, lo primero que deberás hacer es entrar a cualquier relación intentando dejar tus prejuicios de lado, algo sumamente difícil de lograr. Trata de estar presente en cada momento en que interactúes con tu jefe/a. Respira por el estómago en lugar de por la nariz, para obligarte a enfocarte en el aquí y ahora y bajar tu nivel de ansiedad. Este simple ejercicio te ayudará a relajarte y te hará más receptiva a lo que la otra persona tenga para decir. La idea es que no armes tu respuesta en tu cabeza mientras ella habla sino que la escuches activamente. Pocas cosas hacen sentir importantes a los demás como sentirse escuchados. Y si no, mira tus propias experiencias. ¿No te sientes apreciada cuando tu pareja te escucha y actúa de acuerdo a lo que escuchó? Piensa en tus propios comentarios que muestran tu admiración por otros: "Me gusta porque me escucha", "Es una persona que sabe escuchar a otros".

La voz de la experiencia

"Casi todos mis jefes han sido hombres y afortunadamente he tenido excelentes relaciones con todos ellos, hombres y mujeres. Lo interesante es que mis relaciones más difíciles han sido con colegas mujeres. Mi teoría es que algunas mujeres ven a otras mujeres como una amenaza y se rehúsan a admitir que todas seremos más exitosas como género si nos apoyamos mutuamente", dice Terri Austin, Vicepresidenta de Diversidad e Inclusión en McGraw-Hill Companies.

"Aprendí una valiosa lección de mis supervisores directos, muchos de los cuales fueron mujeres. Las dos gerentas que más admiré eran madres trabajadoras que parecían balancearlo todo con gracia y dignidad. Tenían un altísimo desempeño. Desarrollaban a sus empleados. Eran mujeres sin vueltas que trataban a la gente con decencia y calidez. Me dieron la oportunidad de crecer y cometer errores. Y su dedicación y apoyo me inspiró a ser una mejor profesional, madre y persona", cuenta Daisy Auger-Domínguez, Managing Director, Executive Search Initiatives, Time Warner, Inc.

Capítulo 9

Networking, esa palabra milagrosa

Hablan las famosas: Nora Bulnes

Conocida en el sur de la Florida como empresaria, filántropa y miembro prominente de la alta sociedad, Nora Bulnes ha recibido un sinnúmero de premios y reconocimientos por su incansable labor social y, en particular, a favor de la comunidad hispana. Fundadora de *Selecta*, la revista hispana de alto nivel más prominente de los Estados Unidos, Nora no sólo ha hecho crecer su negocio en un mercado exclusivo, sino que ha dedicado gran esfuerzo y energía a apoyar a múltiples entidades caritativas como el Hospital de Niños St. Jude, la Asociación Americana de Cáncer, y la Asociación Americana del Corazón. Además, fue una de las pioneras en involucrarse en la lucha contra el SIDA cuando la enfermedad aún era un tabú. En el 2001 creó su propia organización sin fines de lucro llamada Hope and Dreams Foundation para continuar haciendo una diferencia en la vida de los menos afortunados.

P: *¿Cómo se atrevió a comenzar una revista sin previa experiencia en el mundo editorial?*

R: En aquel entonces yo era dueña de una boutique en Coral Gables y

dirigía paralelamente una escuela de modelaje. Gracias a mi clientela y mis relaciones tenía la oportunidad de ayudar a varias instituciones benéficas y me movía fácilmente en el ámbito social de Miami.
Desafortunadamente un incendio en el edificio en que tenía la tienda
me obligó a cerrar mis operaciones y esto me dio pie para considerar
mi futuro. Cuando sucedió el incidente mi gran amigo Rafael Casa-
lins, que en aquel entonces era director editorial de la sección Galería
del *Nuevo Herald* comenzó a entusiasmarme para que yo publicara
una revista social. Aunque yo no tenía experiencia en este mundo me
interesaba la idea de crear un medio que unificara el mercado hispano y el anglosajón y fue así como nació *Selecta*. Yo estaba convencida de que no existía nada semejante en el mercado local y lo vi
como la oportunidad perfecta para hacer algo completamente innovador.

P: *En los 29 años que lleva publicando* Selecta, *¿cuáles han sido algunos de
los desafíos que se le presentaron como mujer empresaria?*

R: El principio fue muy duro. Comenzamos trabajando en el garaje de mi
casa con un pequeño grupo editorial mientras yo me dedicaba a
vender anuncios. Los desafíos nunca dejaron de existir, pero yo siempre me impuse con mi fuerte personalidad ante todas las vicisitudes.
Uno de los desafíos más grandes fue el de poder penetrar las barreras de la industria editorial, las imprentas y sobre todo las compañías
distribuidoras del momento, las que apostaban solamente por las publicaciones establecidas y desanimaban a los negocios familiares interesados en publicar pequeñas cantidades mensuales. Desde el
principio, cuando una puerta se abría, otras cuatro se cerraban. Recuerdo inclusive que yo distribuía personalmente las pesadas cajas
de revistas porque no teníamos un equipo que lo hiciera. También tuve que soportar los desaires de los incrédulos que no veían a *Selecta*
a la par de otras publicaciones de ultra-lujo. Pero gracias a todas las

conexiones que había desarrollado a través de los años y el apoyo que dieron a la revista, pude salir adelante.

P: *Usted es una reconocida figura en la alta sociedad y no sólo del sur de la Florida. ¿Cuál es el peso que ha tenido en su éxito como empresaria su habilidad de establecer relaciones, o como se dice en inglés de* network?

R: Esta ha sido la clave de mi éxito. Todo lo que he logrado hasta el momento lo he hecho gracias a las relaciones que he desarrollado a través de mi vida. Cuando comencé a tocar puertas vendiendo anuncios para la revista, a los primeros que visité fue a mis amigos, y estos me remitieron a sus amigos y así sucesivamente. También al principio, gracias a mis amigos logré introducir la revista en el mundo anglosajón, algo que nunca se había visto ya que se trataba de una revista de habla hispana. Fue así como llegué a entrar en la alta sociedad de Palm Beach. Allí un distinguido grupo de damas me dio la mano en ese momento tan trascendental, allí hice grandes amistades las cuales conservo todavía, como es el caso de Donald Trump, quien recientemente (y como en años anteriores) puso un anuncio en mi revista felicitándome por nuestro 29 aniversario.

P: *Cada vez hay un mayor número de mujeres que abren sus propias compañías y en muchas ocasiones la mantienen como un negocio familiar. ¿Qué les recomendaría usted para que puedan crecer económicamente conservando un tamaño de negocio familiar?*

R: Para mí lo más importante ha sido involucrar en mi negocio a mis dos hijos, ya que cada uno de ellos ha sabido aportar su granito de arena y sacar adelante el negocio. Michael está a cargo del departamento de ventas y es el actual presidente de la revista; con su participación hemos logrado llevar la revista a un nivel internacional. Avelina se ocupa de la administración general, mantiene todas las finanzas y se asegura que el día a día esté en orden. También ha sido muy importante rodearme de un buen equipo, tengo una editora y un director de arte que entienden perfectamente el concepto editorial de *Selecta*.

P: *En una escala del 1 al 5 (donde 1 es el nivel más bajo), te consideras alguien:*

R: a. Que asume riesgos: 5

    b. Competitiva: 5

    c. Ambiciosa: 4   (en lo que se refiere al deseo de salir adelante y triunfar en la vida)

Me imagino que habrás escuchado la palabra *networking* (establecer una red de contactos) miles de veces en conexión a la mejor manera de conseguir trabajo. Es verdad, un 80 por ciento de los empleos se obtienen a través de contactos. Pero una buena red de contactos no sólo te sirve para cuando buscas empleo sino que te da apoyo a lo largo de tu carrera, te mantiene al tanto de oportunidades de todo tipo y además es una fuente de posibles empleados.

En esta etapa en que estás cuestionando tu ocupación y buscando tu propia salida, tu propio camino exitoso, *networking* es una de las actividades en las que puedes apoyarte para afianzar tus propósitos.

Este es uno de los temas de los que hablo más a menudo en empresas e indefectiblemente, sin importar el nivel profesional de la audiencia, alguien pide una explicación sobre qué significa la palabra *networking*. Creo que es válido hacer esta distinción antes de hablar más a fondo de algunas prácticas óptimas para ser una exitosa *networker*.

En el contexto de tu carrera profesional, *networking* es el arte de establecer, desarrollar y mantener relaciones de mutuo beneficio en el corto, mediano o largo plazo. El tema es que para muchas culturas, entre ellas la latina, hay cierta incomodidad con este concepto, algo irónico cuando piensas que en Latinoamérica es difícil lograr nada sin tener un "contacto" en el lugar adecuado.

En los Estados Unidos, es aceptable ir a una cena entre amigos en la cual te presentan a una persona que no conoces y terminar intercambiando tarjetas. Es más, estas ocasiones privadas en las cuales compartes un momento íntimo con otros, pueden ser las más propicias para establecer el nivel de confianza necesario para hacer negocios con tus nuevos amigos. Esta es la forma en que he conocido a muchas de las personas más influyentes en mi vida: en una fiesta, un cóctel, una salida grupal después de una conferencia, en el *green room* (salón VIP) de una cadena de televisión o de un evento, etc. A la gente le gusta hacer negocios con gente en la cual confía y por lo general esas son personas que están en su mismo círculo o tienen valores o intereses en común. Cuando te conocen haciendo una actividad que disfrutan (jugando al golf o al tenis) o a través de amigos a los que aprecian, o en un lugar en el que sólo un grupo selecto ha sido invitado, automáticamente entras en el mismo círculo que ellos. Por eso, te sugiero no salir nunca sin tus tarjetas.

¿Qué significa networking?

Según hemos estado viendo, cuando tienes muchas distinciones en un área determinada puedes actuar y por lo tanto también obtener resultados productivos en dicha área. Si cuando alguien dice: "tienes que expandir tu red de contactos" tú entiendes que eso significa ir a cuanto evento se te presente e intercambiar tarjetas de negocios, tendrás un tipo de resultado. Si en cambio incorporas en la distinción de *networking* una serie de elementos más explícitos, obtendrás resultados mucho más afines a tus expectativas.

Entonces, si quieres desarrollar una red sólida y efectiva piensa en:

> Conectar de una manera personal con la otra persona, es decir, interesarte en quién es, qué busca, qué hace.

> Identificar la manera en que tú puedes ayudar a esa persona a cumplir sus propios objetivos. La generosidad siempre se ve recompensada y te ayuda a edificar tu propia marca más rápido.

> Mantener tu red por medio de contactos periódicos ya sea por teléfono, email, redes sociales o citas en persona.

> Dar seguimiento a lo que tú has prometido (o lo que te han prometido) para mantener el flujo de la comunicación y sobre todo tu palabra.

Es bueno tener en cuenta que en todo este intercambio social, lo que más se intercambian son palabras, gestos, elementos del lenguaje. A veces perdemos de vista que todo lo que tenemos a nuestro alrededor lo hemos construido con palabras y usándolas de manera errónea podemos destruir lo que más apreciamos en un abrir y cerrar de ojos.

Por más que estemos lejos de la época del trueque, el *networking* consiste, esencialmente, en un gran intercambio de favores. Debes dar por sobre entendido que si alguien te hace un favor, (si te presenta a uno de sus contactos, te recomienda para una promoción, te ofrece presentarte a un cliente que puede darle un contrato importante a tu empresa) queda implícito que en algún momento deberás devolver ese favor.

Hay ciertas ocasiones en que es necesario explicitar que estás haciendo un favor para que la otra persona se entere de que lo que estás haciendo por ella tiene un "costo" que en algún momento deberá ser repagado. Esto en general se da con personas que no son tan cercanas y ocurre cuando el individuo al que estás ayudando: 1) no se da por enterado de que lo que acabas de hacer por él es un favor importante que tú tendrás que repagar de alguna manera y actúa como si fuera cosa de todos los días; 2) cuando tú quieres algo de la persona que te está pidiendo un favor y este favor que esa persona te acaba de pedir a ti te da la oportunidad de pedirle lo que quieres en el futuro. Por ejemplo, en una ocasión un colega me pidió que le presentara a varios contactos en corporaciones a quienes pudiera ofrecer sus servicios como orador. Sin duda era un favor importante porque implicaba abrirle las puertas a que estas empresas lo contrataran para presentar en sus eventos. Dado que él coordinaba un programa en una universidad en la cual yo estaba interesada en presentar, le dije: "Con mucho gusto podemos hablar. A mí me encantaría que me presentes a la gente de la universidad que puede invitarme como conferenciante".

Para muchos latinos, este intercambio de favores tan abierto puede resultar incómodo, pero piensa que actuar como si todo lo que das fuera gratis y no pedir lo que quieres o lo que necesitas, sólo te deja en una posición de resentimiento o de víctima bastante improductiva. Si logras hacer visible esta actitud tuya (en lugar de que te sea transparente e invisible) podrás adaptarte a este mercado y ajustar concientemente tu manera de pensar sobre el significado de pedir lo que quieres.

Otro ejemplo: Hace poco una publicista que conozco me envió un email preguntándome si conocía a alguien en una gran empresa de radio. Ella quería saber si estaban interesados en entrevistar a un músico al cual ella estaba ayudando. De casualidad, esa semana yo había conocido a la persona justa con quien ella debería hablar. De inmediato, los presenté por email. Cinco minutos después, mi conocida le envió un mensaje a mi contacto preguntándole si deseaba entrevistar al músico y luego me escribió otro mail a mi pidiéndome el teléfono de mi contacto.

Ahora, yo acababa de conocer al hombre de la compañía de radio y había iniciado una relación con él con vistas a que en un futuro pudiéramos hacer algo juntos. Decidí tomar el riesgo de presentarle a alguien que sólo quería "venderle algo" porque consideré que mi conocida estaba ofreciendo algo en lo cual mi contacto podía estar interesado. Para mí representaba un favor importante. Sin embargo, al no ponerse ella en mis zapatos, ya me estaba pidiendo otro favor, al cual me negué. Hay que sostener un balance entre abrir la red de contactos a terceros y mantener la integridad de tu marca personal. Si yo quería que este hombre me siguiera considerando una persona con la cual hacer negocios en el futuro, no podía arriesgarme a que mi conocida lo empezara a atosigar con llamadas para insistirle en algo en lo cual él quizá no tuviera interés. Quería darle la oportunidad de decidir a él mismo si estaba interesado en entrevistar al músico o no, para lo cual había que esperar a que él contestara el mail y le pasara personalmente su teléfono a la publicista. Cosa que hizo a los dos días.

Si bien mi posición siempre ha sido que la mejor manera de expandir tu red es oficiar de intermediaria, es decir, ser la que hace presentaciones entre individuos, este ejemplo de la publicista me permite hablarte de un punto crítico de *networking*: tu reputación, algo muy conectado con la impecabilidad de tu palabra.

Siempre que recomiendas o que presentas a alguien a un contacto tuyo importante, estás poniendo en la línea tu reputación. ¿Por qué? Pues porque si yo te recomiendo a Alicia para el puesto que tienes abierto de Directora de Recursos Humanos y la tomas, y resulta que Alicia a los dos meses se va porque tiene una mejor oferta y te deja plantada, de alguna manera su comportamiento me impacta porque yo te la recomendé. Es probable que en el futuro ya no te interese la gente que tengo para recomendarte, lo cual también impacta al resto de mi red a quienes se les ha cerrado la posibilidad de que los conecte contigo.

Si yo te presento al diseñador de sitios web y lo contratas y el hombre nunca entrega las cosas a tiempo, o nunca responde cuando lo llamas, la que queda mal soy yo. Esto me impacta no sólo porque te recomendé a alguien que te hizo perder el tiempo y quedar mal con tus propios jefes o clientes al demorarse en sus entregas sino porque es probable que tú pienses que yo apruebo esa calidad de trabajo. Que yo también considero que entregar tarde los proyectos es aceptable.

La voz de la experiencia

"Una vez, una organización profesional hispana me pidió que los ayudara a conseguir que un CEO de una gran corporación fuera como orador principal a una de sus conferencias. Este hombre, amigo mío, accedió a ir pero la organización no lo fue a buscar al aeropuerto, ni se ocuparon de reservarle hotel, por lo cual mi amigo me llamó y me dijo que no le pidiera más favores para esa entidad. Yo quedé muy mal y juré no volver a ayudarlos pero a los pocos años me pidieron que les abriera la puerta en otra corporación. Como un tonto les dije que sí pero con la condición que no fueran a pedir patrocinio porque esa corporación había recibido malas noticias y sus acciones en la bolsa habían bajado drásticamente. El CEO me había dicho: 'Acepto reunirme con ellos pero por favor que no me vengan a pedir dinero'. Pues, ¿podrás creer que cuando llegamos a la reunión, lo primero que le dice la CEO de la organización profesional es que necesitaban dinero? A partir de ahí no volví a ayudarlos", cuenta Miguel Alemañy, Director Global Baby Care, Procter and Gamble.

Es fundamental que seas generosa pero que sepas qué puedes ofrecerle a quién. Yo solía ser mucho más abierta con mi red de contactos hace unos años pero a medida que he ido incorporando a mi red personas de más y más jerarquía, me he visto obligada a permitir el acceso sólo a aquellos individuos a los que conozco bien y que me merecen confianza. Y en casos en que no conozco bien a la persona que me pide el favor, pero que considero que sería bueno que se conociera con mi contacto, le pregunto primero a mi contacto y sólo con su anuencia, hago la presentación.

Y como último punto te señalo que, si en este mundo de trueque de favores, te haces conocida por ser la primera en hacer el favor, naturalmente atraerás personas que quieren ayudarte. Por el contrario, si la gente descubre que tú sólo pides y pocas veces recíprocas los favores, verás que en poco tiempo se verá afectada tu reputación y te resultará mucho más complicado lograr tus objetivos. Esto es algo que muchas personas de las nuevas generaciones no tienen en cuenta. Piensan que al ser jóvenes tienen derecho a pedir sin asumir la responsabilidad que les cabe para con quien les dio algo. A veces no se dan cuenta de que siempre que recibes, debes dar algo a cambio, otras, piensan que no tienen nada para ofrecer. Todos tenemos algo que los demás quieren, ya sea ideas, tiempo, recursos, amigos, contactos, conocimiento, o alguna destreza especial que podemos enseñar. Si piensas en estos términos, verás cuánto más rápido se expande tu *network*.

La voz de la experiencia

Desde hace más de 20 años, Beatriz Parga escribe "Candelero" una popular columna de entretenimientos publicada por varios periódicos hispanos de los Estados Unidos, inlcuyendo el *Diario Las Américas* de Miami y *El Diario La Prensa* de Nueva York. Inició su trayectoria como periodista política en Colombia y el hecho de involucrarse en temas de gran visibilidad (empezando por aquellos en un pequeño pueblo donde empezó a trabajar como corresponsal de un gran diario) le permitió desarrollar una importante red de contactos que le abrió puertas cruciales en ese primer momento y a lo largo de su carrera. "Llegué a los Estados Unidos en 1979, con una beca de la Sociedad Interamericana de Prensa. Entre mi maleta traía una recomendación del ex presidente de Colombia, Alfonso López Michelsen. Yo había estado atacándolo por tres años pero cuando le hicieron una acusación injusta, yo ya había hecho toda la investigación y sabía que lo que decían de él no era cierto. Yo cogí las pruebas y se las mandé al (diario) *El Tiempo* y probé que no era verdad. Eso hizo que de estar enfrentados el presidente y yo fuéramos amigos. Él fue al pueblo donde yo vivía como corresponsal del diario a inaugurar un busto de su papá (yo escribía muchas historias sobre el pueblo) y preguntó por mí. Así fue que lo conocí en persona. De ahí en adelante, cualquier cosa que necesitaban para el pueblo el gobernador de la región la solucionaba: tal escuela necesita pupitres, y él mandaba los pupitres. O yo decía "tal carretera tiene agujeros", y él mandaba las aplanadoras. Un día, cuando el presidente se enteró de que yo me venía para Estados Unidos, me pidió que fuera a su casa para que trajera algo a Miami. Me dio una carta cerrada para Arturo Villar, y lo que decía era que yo era una de las mejores escritoras que él conocía y que me recomendaba para un trabajo. Me dio una carta de recomendación pero yo no lo sabía. Traje la carta cerrada y se la entregué a ese señor y ahí me enteré de lo que decía", dice la periodista y escritora mientras trabaja en una reedición de su reciente libro *La Maestra y el Nobel*, sobre la primera maestra del premio Nobel, Gabriel García Márquez, novela que será llevada al cine. La mayor ambición actual de Beatriz es que la película reciba un Oscar.

Evalúa tu network *para saber dónde necesitas ampliar tus contactos*

Antes de continuar poniendo tiempo y esfuerzo en expandir tu red de contactos sería bueno que hicieras una evaluación de quiénes conforman tu *network* en la actualidad. Eso te permitirá identificar las áreas en las que podrías usar refuerzos.[14]

Completa el formulario con todos los nombres que puedas en cada categoría. Es decir, piensa en quienes conoces (y que a su vez te conocen) dentro de tu propio grupo, departamento o división, dentro de tu empresa en general y fuera de tu lugar de trabajo tanto que estén a tu altura profesional, por debajo y por arriba jerárqui-

14. Esta evaluación está adaptada de una que creó mi admirada colega Rosanna Durruthy, actual Chief Diversity Officer de Cigna, para usar con clientes de su compañía Equus Group.

camene hablando. Si tienes tu propio negocio, es aún más importante que estudies quiénes están dentro de tu red ya que como empresaria debes estar en la búsqueda constante de nuevos clientes. Si sacas una radiografía a tu red de contactos podrás identificar en dónde necesitas expandir tu alcance y de esta manera armar una estrategia acorde a tus objetivos.

Una vez que hayas terminado, mira un poco las preguntas que siguen al cuadro.

	En tu grupo/división	En tu empresa	Fuera de tu empresa
Menor jerarquía que tú			
Par tuyo			
Mayor jerarquía que tú			

Cuando miras el "mapa" de tus contactos, notas:

➤ ¿Que en algunos casilleros no tienes nombres?
➤ ¿Que en algunas categorías tienes gran número de contactos?
➤ ¿Que tienes muchos contactos con las mismas destrezas? (Por ejemplo, la mayoría son personas de publicidad o ingenieros)
➤ ¿Que tienes muchos conocidos en la misma industria? (Y que probablemente esa sea tu propia industria).
➤ ¿Que la mayoría de los contactos se conoce entre sí?
➤ ¿Que la mayoría de las personas en tu cartilla son latinas?
➤ ¿Hay algunas personas que podrían ser tus mentores, patrocinadores, simpatizantes (*advocates*) o asesores?

Cuando hago este ejercicio en mis talleres de desarrollo de redes de contactos profesionales, siempre noto que estas preguntas hacen que los participantes miren su cartilla de una manera distinta. Ahora, no sólo ves dónde tienes los huecos sino que empiezas a darte cuenta de lo importante que es la diversidad de conexiones. Si todos tus contactos se conocen entre sí, disminuye tu valor como persona que presenta gente. Si todos tienen las mismas habilidades, te limitas el acceso a talento diverso (y a las conexiones que ese talento diverso pueda tener) que puede ayudarte a resolver problemas futuros e incluso a tenerte al tanto de oportunidades en otros departamentos o en otras compañías. Si sólo conoces gente de tu departamento o empresa, y el día de mañana quieres irte o pierdes tu trabajo durante una restructuración, te será difícil encontrar trabajo en otro lado. Además, el hecho de conocer gente de otros sectores te de la posibilidad de adaptar ideas de otras compañías e industrias a la tuya.

Por otro lado, tener contactos en una diversidad de niveles es crítico porque muy a menudo las personas que te abren puertas así como las que te mantienen al tanto de las reglas no escritas de la compañía, y de lo que ocurre en varios departamentos a todos los niveles imaginables, suelen ser aquellas de menor jerarquía. Las secretarias y asistentes administrativos son los abren o cierran las puertas de entrada. En inglés se los llama *gate keepers*. Si tienes buena relación con ellas, conseguirás que sus jefes se reúnan contigo, de lo contrario podrás pasarte meses llamando infructuosamente para obtener una cita con ese ejecutivo con el que tanto necesitas hablar.

Y no quiero dejar de mencionar un último punto respecto de la composición de tu red de contactos. Es natural que cada una de nosotras se maneje dentro de un círculo social en el que se siente cómoda. Eso empieza de muy temprano cuando de niña jugabas con los compañeritos de escuela que vivían cerca de tu casa o que compartían algunas de tus actividades y se extiende a lo largo de tus años formativos hasta la adultez. El resultado suele ser que vivimos en círculos homogéneos de personas que se nos parecen. Así, en los Estados Unidos los latinoamericanos tienden a socializar con otros latinoamericanos, los anglosajones con anglosajones, los afroamericanos con afroamericanos, etc., y en Latinoamerica esa auto discriminación se da por clases sociales. Eso crea la ilusión de que nuestra sociedad es diversa cuando en realidad, los diversos grupos coexisten en esferas separadas. Ahora, si tu sueño es acceder a los lugares más altos del poder no te quedará otra alternativa que salir de tu zona de comfort y socializar con mujeres y hombres anglosajones que suelen ser los que ocupan esas posiciones hoy en día.

Para lograrlo, será importante que identifiques dentro de tu industria o tu área de interés, cuáles son las asociaciones profesionales a las que debes afiliarte; cuáles son los eventos y galas en los que debes participar; cuáles son las organizaciones sin fines de lucro y fundaciones que debes apoyar económicamente y como voluntaria, etc. A veces es más fácil romper la barrera si lo haces con una amiga o colega. Y si bien es probable que al principio te sientas fuera de lugar o incómoda, cuanto más frecuentes este grupo social, más rápido encontrarás tu lugar.

Distinciones específicas para tu network: mentor, patrocinador, simpatizante, asesor

Si bien voy a dedicar un capítulo entero a hablar de este tema, quiero compartir contigo unas distinciones ahora para que las tengas en cuenta a la hora de expandir tu red de contactos.

Mentor: una persona que te guía en aspectos relacionados con tu desarrollo laboral. Puede ser formal o informal y puede tener cualquier jerarquía siempre y cuando sea un experto al que respetas en el área en el que te está guiando. (Por ejemplo, muchas empresas emparejan personas más experimentadas con empleados recién contratados para orientarlos desde el principio en el funcionamiento de la empresa. Otras, están emparejando jóvenes de poca jerarquía con ejecutivos para enseñarles el uso de las redes sociales). Puedes tener más de un mentor dependiendo de las áreas en las que estés desarrollándote. Si tienes tu propio negocio, puedes buscar como mentores a otros empresarios que ya tengan compañías sólidas y que puedan compartir su experiencia en cómo conseguir contratos gubernamentales, cómo certificarse como negocio cuya dueña es una mujer o una minoría étnica, cómo lidiar con los empleados, etc.

Patrocinador (*Sponsor*): Es una persona de alto nivel dentro de tu empresa o que tiene una posición clave en tu industria, que incluso puede no conocerte en persona, pero que sigue tu carrera y conoce tus logros. Es la persona que propone tu nombre cuando hay una buena oportunidad y la que puede hacer que se te abran puertas antes cerradas.

Simpatizante (*Advocate*): Este individuo puede estar a cualquier nivel jerárquico y es alguien que habla bien de ti por detrás tuyo. Es alguien que te admira y respeta y colabora con la construcción de tu reputación comentando tu última iniciativa, lo bien que la trataste o la oportunidad que le brindaste, cuánto ayudas a la comunidad o cómo siempre estás dispuesta a asistir a otros con sus proyectos. ¡Estas personas son tan importantes como los *sponsors*! He conseguido numerosos clientes gracias a que algún simpatizante que me conoció en alguna conferencia me recomendó a sus jefes.

Asesor (*Advisor*): Esta persona puede ser un conocido, amigo o colega que te conoce bien y con quien tienes la confianza suficiente como para consultarla en temas específicos en los que precisas ayuda. Tal vez sea oportuno que elijas una junta de asesores (*Board of Advisors*) para consultarlos sobre temas como tu marca personal.

Algunos de estos asesores son profesionales a los que tú contratas, como un agente, o una abogada, y otros lo hacen ya sea de buena voluntad o por algún intercambio de servicios.

Por ejemplo, yo tengo un asesor de mi carrera que me ayuda a establecer mis objetivos y los pasos para seguirlos; una productora que me asesora en medios; un abogado; un agente literario; un agente para mi carrera en los medios; etc.

La voz de la experiencia

"Mis dos mentores más memorables tanto en la parte académica como en la profesional fueron dos hombres afroamericanos. Mi profesor de maestría, Walter Stafford, dedicó su carrera a temas de equidad racial y de género y me inculcó un profundo sentido de respeto y apreciación por pelear las batallas que valen la pena y buscar equidad y justicia social en todo lo que hacía. Un graduado miembro de la junta del Coro New York Leadership Program (una importante organización cívica) que vio algo en mí y que trató de guiarme profesionalmente con mucho cuidado, me dio el consejo más práctico sobre cómo avanzar en el mundo corporativo norteamericano: 'Posiciónate como una generadora de ingresos porque eso mejora tu valor. No empieces tu carrera en el área de Recursos Humanos'. Al final, aprendí cosas de estos dos sectores y construí la fundación de mi carrera del lado del negocio lo que me resultó en una transición mucho más sencilla a CSR (Responsabilidad Social Corporativa, por sus siglas en inglés), diversidad e inclusión.

"Nota práctica aparte, mis mentores me sirvieron como conductos de información, como patrocinadores internos y externos y al mismo tiempo contribuyeron a elevarme en sus propios círculos", cuenta Daisy Auger-Domínguez, Managing Director, Executive Search Initiatives, Time Warner, Inc.

Cómo socializar profesionalmente si eres introvertida

En todas las presentaciones que hago sobre este tema, alguien pregunta tímidamente, "¿Cómo se puede hacer *networking* cuando uno es introvertido?".

Mi **primera** sugerencia es que repienses la definición de "introvertida" y consideres que no está escrito sobre la piedra que las personas introvertidas no pueden socializar y tener una red de contactos sólida. Puedes crear una nueva historia para ti que incluya el hecho de que usando algunas estrategias adecuadas, tú también puedes expandir tu *network*. En esta nueva historia tienes la oportunidad de reescribir la definición de introversión para que se adapte a tus nuevos objetivos. Tal vez puedes incluir cosas como: una persona introvertida es alguien que respeta su necesidad de pasar cierto tiempo al día a solas. Es alguien que valora la introspección y la elaboración de opiniones propias que luego puede compartir con otros en aquellos momentos en que socializa.

También podrías incorporar el concepto de que todos tenemos un cierto porcentaje de introversión y que el tuyo es un poco mayor que el de otras personas. Eso quiere decir que tú también cuentas con un porcentaje de extroversión. Al hacer esto, estás separándote un poco de un rasgo que tal vez sea tuyo pero que es quizás una de esas características determinadas por otros muy temprano y con la que crees que debes seguir identificándote.

Comentando sobre el nivel de participación de los asistentes a unos talleres que desarrollé para el departamento de Investigación y Desarrollo de Procter and Gamble, de la cual la mayoría eran ingenieros y científicos, Miguel Alemañy me dijo: "El 70 por ciento de nuestros empleados en este departamento es introvertido de acuerdo al test Myers Briggs. Sin embargo, todos saben que en esta compañía, siendo introvertido no puedes avanzar. Por lo tanto, todos trabajan para superar ese rasgo y salir de su zona de comodidad".

Esto es cierto no sólo para los ingenieros de Procter & Gamble, sino en todas las empresas. Las personas que tienen este rasgo de personalidad se ven en la disyuntiva de quedarse escondidas en sus oficinas y cubículos trabajando duro con la esperanza de que alguien note sus esfuerzos y los recompense, o salir de esa área donde se sienten cómodas y seguras y aventurarse al mundo del *networking* donde puedan hacer conocidos sus logros, donde puedan ayudar a otros a crecer y, en el proceso, ganar mayor visibilidad para sus propias carreras.

La **segunda** sugerencia es una estrategia específica. Si identificas una o dos personas en tu red de amigos o colegas con las que tengas confianza y que complementen tu función puedes asistir a conferencias y eventos con ellos. Claro que el secreto es que no te quedes en un rincón conversando con tus dos amigos sino que recorran el evento presentándose los unos a los otros. Por ejemplo, a menudo hago esto con una amiga que es productora de televisión. Ella me presenta a mí (lo que le permite ensalzar mis logros sin que suene presumido como si lo hiciera yo misma) y yo la presento a ella. Esto funciona excelentemente bien para todo el mundo, no sólo para personas tímidas porque le da mayor credibilidad a la persona a quien estás presentado. Sin ir más lejos esta es la razón por la cual siempre alguien presenta a un orador en una conferencia en lugar de que el orador se presente sólo. El individuo que lo presenta puede ensalzar los premios, la influencia e incluso la fama del orador, dándole una solvencia que es más ardua de conseguir por cuenta propia. (Y ya que estamos en este tema, me desvío un momento de tu propia presentación para darte una recomendación referida a cuando te toca presentar a alguien ya sea a otra persona a una gran audiencia en una conferencia u otro evento. Es una oportunidad única para mostrar tu admiración y respeto por una persona que seguramente te estará agradecida y querrá tenerte en su *network* y ayudarte en lo que necesites en tu carrera. Lo contrario ocurre cuando no sabes qué decir de la persona a la que estás presentando. Das su nombre, tal vez agregas una o dos cosas irrelevantes y terminas diciendo algo tipo: "Los dejo que se presenten ustedes" o "No quiero sacar tiempo de su presentación leyendo su biografía". Por ejemplo, tengo una conocida con quien trabajamos muy bien presentándonos contactos por email o por teléfono. La he invitado a varios eventos en los cuales le presenté a un sinnúmero de individuos relevantes para su carrera. Sin embargo, cada vez que yo he ido con ella a algun evento, no hace mayor esfuerzo por presentarme a sus conocidos. Alterna entre ignorarme cuando me paro junto a ella y a la persona con la cual está hablando o, me presenta a regañadientes minimizando mi trayectoria. ¿A qué me refiero con esto? Una de las ventajas de que otra persona te presente es que puede hablar maravillas de ti. No digo que tu amigo exagere o mienta pero mira la diferencia de estas dos presentaciones:

> ➤ Te quiero presentar a Marisol González, productora de deportes de HBO Latino que está trajando en su propio documental sobre los niños que quedan abandonados en la frontera con México. La han invitado como oradora especial a varios ciclos cinematográficos internacionales.
> ➤ Te presento a Marisol González. Es productora de deportes en un canal de cable.

¿Ves qué diferencia sideral existe entre una presentación y otra? En ninguna estoy mintiendo, pero la primera te pinta una historia mucho más halagüeña de Marisol y la segunda no hay mucho que la distinga de las miles de otras personas que trabajan en deportes.

Este tipo de descuidos le deja un sabor amargo al presentado y puede ser que te descuente como miembro de su *network* o que en el futuro te cobre el desliz).

Cuando vas con una o dos personas conocidas a un evento y circulan juntas presentándose mutuamente, te sentirás más segura y será más fácil conocer un mayor número de individuos. ¿Qué pasa si no puedes ir con nadie conocido? Entonces busca una de esas situaciones que te permiten iniciar una conversación con alguien: la cola para registrarse, o para comer; el baño; estar sentada esperando a que empiece un taller, etc. Inicia una charla simple: "¿Esta es tu primera vez en el evento?" o "¡Qué bueno poder estar unas horas lejos de la oficina!" y trata de establecer una conexión. Luego de un rato, puedes invitarla a recorrer el evento contigo para conocer gente. Esto hace que sólo tengas que concentrarte en conocer a una persona en ese evento, aquella con la cual luego conocerás muchos más. Te libera del estrés de tener que iniciar docenas de conversaciones y hasta puede ser más divertido.

Otra excelente estrategia, sobre todo si eres introvertida, es aprovechar las redes sociales para iniciar conexiones y mantenerlas. Una vez que dominas esta herramienta y la refuerzas con algunos encuentros en persona, puedes minimizar la necesidad de aparecer en eventos en los que te sientas incómoda.

El uso de las redes sociales para expandir tu red de contactos

El veloz crecimiento de las redes sociales nos ha abierto literalmente un mundo de posibles contactos. Hoy en día puedo encontrar personas que me ayuden con cualquier proyecto en cualquier lugar del planeta y para llegar a ellas, sólo tengo que sentarme a mirar mi cuenta de LinkedIn y fijarme quién conoce a quién. Pero así de fascinante como suena, (y como es, cuando funciona bien) igual es de delicado. Porque esos nombres que ves en la pantalla y a los que llamas "amigos" en realidad suelen ser extraños que ahora tienen acceso a toda tu red de conocidos así como tú tienes acceso a la de ellos. Por eso debes decidir concientemente a quiénes aceptarás como amigos en tu cuenta, (y qué nivel de privacidad elegirás para tus diversas redes) porque les estás dando acceso directo a cualquiera de los contactos a los que tanto te costó cultivar. Si no conoces a estos individuos a quienes les estás dando permiso para comunicarse libremente con tu red, puedes lamentarlo.

Por otro lado, si tú misma te olvidas de este factor y actúas como si en realidad conocieras bien a tus "amigos" online para pedirles favores, será fácil saltarte un paso importantísimo para el buen funcionamiento de esa relación: **establecer una confianza mutua.**

En los últimos años, por medio de mi iniciativa www.latinosin college.com, he conocido innumerables estudiantes y profesionales maravillosos con los que hoy en día trabajo codo a codo. Pero en cada caso ha sido un proceso similar al que pasas cuando conoces a alguien en una conferencia o en una reunión. Te cuento un ejemplo: Cuando lancé el website en febrero del 2009, Christine LeViseur Mendonça, una joven que vivía en Florida y estaba terminando su maestría en administración de empresas, se enteró de lo que estaba haciendo. Me envió un email diciendo que le gustaría ser parte de la iniciativa. Empezó como una de nuestras embajadoras, o sea que hablaba con otros individuos sobre nuestro sitio donde se pueden encontrar todo tipo de recursos para ir a la universidad y graduarse, y como a la mayoría de nuestros embajadores, yo sólo la conocía por email y por teléfono.

Participó en varios llamados en conferencia que hicimos con otros embajadores del programa y compartió una gran cantidad de ideas interesantes. Al poco tiempo, viajó a Nueva York a buscar trabajo y la invité a participar en dos presentaciones que yo estaba dando en dos corporaciones donde podría conocer a varias personas importantes para su futuro y también le presenté a varios contactos en el área de finanzas, con quienes se reunió. Con el paso de los meses, nuestra relación se fue afianzando y Christine me dijo que quería asumir un rol más activo en Latinos in College. Ya llevábamos varios meses teniendo llamados en conferencia con el resto del equipo entre quienes se contaba mi mano derecha Jazmin Cameron, quien había estado conmigo desde el principio. Conversamos sobre los valores que aportaba Christine al grupo y coincidimos en que sería una valiosa adición. Desde entonces, es nuestra directora de Operaciones y ha contribuido enormemente a nuestro crecimiento.

Como el ejemplo de Christine, tengo miles más, ya que nuestra plataforma funciona online y la manejan estudiantes de todo el país a los que por lo general inicialmente conocemos por Facebook.

Estoy segura de que tienes miles de ejemplos como este pero lo que me gustaría es que reflexiones sobre el hecho de que fue necesario desarrollar una confianza mutua antes de que terminara haciendo negocios u ofreciéndole oportunidades a uno de estos "amigos" cibernéticos.

Como te comentaba, las dificultades surgen cuando te saltas este paso y le pides a alguien que no sabe ni quién eres (porque aceptó tu pedido de ser amiga por LinkedIn sin pensarlo dos veces), que te presente a alguien de su compañía o, peor aún, si tiene oportunidades laborales para ti. O cuando entras en algún grupo de Facebook que no frecuentas, sólo para pedir algo que necesitas. A nadie le gusta sentir que abusan de su confianza. Las reglas que rigen la construcción de relaciones online son las mismas que las del mundo real: hay que ganarse el respeto y la confianza de los amigos y conocidos para tener una red profesional efectiva.

Una de las maneras más productivas para encontrar contactos en línea es pertenecer a grupos de tu interés, ya sean asociaciones profesionales de alguna industria o grupos de discusión de alguno de los miles de temas posibles. Contribuir con comentarios con frecuencia hace que la comunidad te conozca; compartir información relevante y contestar preguntas te establece como un líder dentro de ese espacio. Y no olvides que siempre debes mantener un balance entre buscar conectarte con individuos que te interesan y lograr la visibilidad necesaria para que otros te encuentren. Esto lo puedes lograr produciendo contenido: escribiendo blogs, haciendo videos, o teniendo otro tipo de presencia en la web y en la vida real.

Cómo pedir a tus contactos presentaciones de sus contactos en medios sociales

Uno de los mecanismos que existen online para ampliar tu red es mirar quiénes son los contactos que tienen tus contactos y pedirles una presentación. Por ejemplo si eres amigo de John Lenz en LinkedIn y ves que en su red de contactos tiene a Lisa Smith en la compañía Acme, a quien quisieras conocer, podrías pedirle que te la presente. Pero este tipo de pedido debe ser manejado con sumo cuidado para que no dañes tu relación con John por llegar a Lisa. ¿Qué debes tener en consideración? Principalmente, cuánta confianza tienes con John para pedirle el favor. Si no lo conoces bien, no te recomiendo pedírselo y menos si Lisa tiene una posición prominente en Acme. La mayoría de la gente no va a arriesgar su propia reputación con alguien de su red de contactos (John con Lisa) por un tercero a quien apenas conoce. Igual que en una relación de la vida eral, usar el sentido común y ponerse en el lugar del otro lado (es decir, cómo te sentirías tú si alguien te pide a tí que le presentes a una Lisa de tu red de contactos) es la mejor manera de evitar desarrollar una mala reputación. Piensa que cuando pides una presentación, la persona que te la hace debe dedicar algo de su tiempo, poner su reputación en la línea por ti y "usar" un contacto que tal vez preferiría "guardar" para un mejor propósito. ¿Cuán bien te conoce para hacerlo?

Cómo y cuándo mantener el contacto

Mantenerte en contacto con tu red en forma periódica es una de las claves que la gente exitosa sigue a muerte. La suerte es que en esta época en que vivimos, eso se ha vuelto mucho más simple que antes ya que tienes muchísimas opciones para hacerlo.

Puedes enviar un email cada tanto para preguntar cómo están, o compartir algún video o artículo relevante (y ojo con hacerlo demasiado seguido ya que todos vivimos agobiados por casillas de correo que no alcanzamos a limpiar), ponerle un mensaje en su cuenta de Facebook, LinkedIn, Twitter o cualquier otra, mandar un mensaje de texto, llamar o enviar una tarjeta de Navidad. Y nunca olvidar que nada sustituye la calidad de la relación que logras establecer por medio del contacto personal. Hay individuos a los que ves una vez al año en algún evento al que ambos asisten y esto es suficiente para reforzar la relación. Hay otros con los cuales obtendrás mejores resultados reuniéndote a almorzar una vez cada tres o cuatro meses.

El tipo y la frecuencia de contacto varía de acuerdo a la relación que tengas. No es buena idea enviar un mensaje de texto a un contacto de alta jerarquía con quien tienes una relación lejana ni que le escribas algo en su muro de Facebook donde sólo conversa con sus amigos y familiares. En líneas generales, y esto va más para las nuevas generaciones que tienen poca práctica con el uso de medios de comunicación más formales, a individuos de mayor edad y/o de mayor jerarquía con los que no tienes una relación profunda, es preferible contactarlos por email, teléfono o con una tarjeta escrita a mano.

Diferentes maneras de hacer networking: *hombres y mujeres*

Habrás observado que los hombres suelen tener una amplia red de contactos con quienes mantienen una relación relativamente superficial. Pueden ser otros hombres con quienes salen los viernes a tomar una cerveza y hablar de fútbol o de béisbol, o un grupo con el que juegan algún deporte una vez a la semana y con los que a renglón seguido, hacen negocios de todo tipo. Lo interesante es que para ellos no es complicado pedir favores a individuos a quienes acaban de conocer o a los conocidos de esos individuos. Sin dudarlo, pueden preguntarle si están interesados en arreglar una reunión de ventas para presentarle el producto que están promocionando. Su fortaleza reside en contar con una extensa red de contactos y la libertad de recurrir a los mismos en cualquier momento.

Por su parte, la mayoría de las mujeres suele desarrollar relaciones más profundas con la gente y no se sienten tan libres de pedir favores a quienes acaban de conocer. Esto se nota aún más si eres latina. La ventaja es que las mujeres cuentan con relaciones sólidas que probablemente estén dispuestas a "jugarse" por ellas. Sin embargo, es importante que en tu *network* tengas ambos tipos de contactos porque nunca sabes cuál es el que te apoyará cuando lo necesites. A veces, individuos a los que conociste en algún evento y con quienes no tienes una relación de amistad, terminan siendo los que se acuerdan de ti cuando les aparece una oportunidad laboral, o los que te recomiendan a ejecutivos amigos aunque tú ni te enteres.

Por ejemplo, para llegar a algunas de las celebridades que entrevisté para este libro, contacté tanto a amigos cercanos como a colegas con los que hablo una vez al año. Finalmente, una amiga cercana me presentó a una conocida de ella que me abrió todas las puertas antes aún de convertirnos en grandes amigas. El secreto para que tu red de contactos responda es que tú seas conocida como una persona que ayuda a los demás en lo que necesiten, de esa manera, queda implícito (según las reglas no escritas del *networking*) que cuando tú necesites algo, ellos estarán allí para ayudarte a conseguirlo.

El arte de contar historias

No sé si observaste que la gente con grandes *networks* tiende a ser gente interesante. Fíjate quiénes tienen mayor número de seguidores en Twitter o lectores en sus blogs de opinión (o mira quién en una fiesta tiene un círculo de oyentes a su alrededor) y verás que son individuos que no sólo saben elegir sus temas sino que saben cómo capturar a su audiencia contando anécdotas que te atrapan. Este aspecto en particular tiene que ver con la habilidad de contar historias, algo que encontrarás útil no sólo a la hora de expandir tu red de contactos sino a la hora de negociar y de buscar apoyo para tus proyectos. La manera en que presentas tu caso y expones las razones por las cuales tus jefes deben darte presupuesto para llevarlo adelante determinará en gran parte si consigues el apoyo o no. Lo mismo que la presentación de la razón por la cual mereces un aumento de salario determinará en gran medida si te lo darán o no.

Para tener resultados positivos, es crucial entender los elementos básicos de una buena historia y aplicarlos con un toque de tu estilo personal.

♥ ♥ ♥ ♥ ♥

Guía Básica para Contar Cuentos

Como cuentista, esta herramienta me ha servido enormemente a lo largo de mi vida y de mi carrera. Pero no hace falta que seas escritora para que encuentres tu propia voz como cuentista. Los latinos somos una cultura que tiende a proveer un amplio contexto al hablar. Y esto, que en comunicaciones profesionales puede ser un inconveniente (y a menudo requiere que modules este rasgo para bajarle un poco el volumen), socialmente es una ventaja. Lo más probable es que con un poco de práctica puedas contar historias como los mejores profesionales. Para que la historia resulte efectiva:

- Elije temas apropiados a tu audiencia y circunstancias (el contexto en el cual cuentas la historia es crucial para evitar un tema o tono inapropiados).
- Identifica historias interesantes a medida que las experimentas y si puedes anótalas para poder practicar contarlas en forma sinóptica en una reunión de amigos o colegas.
- Una buena historia debe tener personajes interesantes, debe tener un argumento (aunque sea breve) debe tener un principio, medio y final. Debe existir algún tipo de tensión que se resuelve al final (es decir, algo que vaya creando expectativas), si éste es inesperado o gracioso, mejor. Y no te olvides de cubrir: quién, qué, dónde, cuándo y por qué a lo largo de tu cuento.
- Si usas humor, te sugiero que no lo dirijas a ningún grupo minoritario en particular, a menos de que sea uno al que tú misma perteneces. Y en general, el humor es bien aceptado cuando se dirige contra uno mismo.
- Calcula el tiempo que te toma "llegar al punto" para evitar perder la atención de tu audiencia.
- Conecta las historias que cuentas con el tema del evento en el que estás. Por ejemplo, durante mis presentaciones, cuento un sinnúmero de anécdotas que se relacionan con el tema, haciéndolo más interesante y práctico. Pero fuera

de mis presentaciones, siempre ando contándole a alguien alguna historia. El secreto para capturar la atención de los terceros está en no hablar todo el tiempo acerca de ti sino poder relatar historias donde los protagonistas son otros, sin que por eso caigas en el chisme.

En poco tiempo de practicar, contar historias se transformará en algo natural que te convertirá en una valiosa pieza de tu grupo.

♠ ♠ ♠ ♠ ♠

Para cerrar este capítulo me gustaría citar un estudio publicado en *Administrative Science Quarterly*, que en el año 2000 investigó los efectos de diversos atributos personales en la compensación económica y encontró que en términos salariales, las personas que conocían al menos una persona dentro de la organización habían negociado salarios 4,7 por ciento más altos que aquellos que no tenían lazos sociales. Espero que esta estadística te ayude a confirmar la decisión de ampliar tu círculo profesional.

Capítulo 10

Mentores, patrocinadores, simpatizantes, asesores y *coaches* privados

---
Hablan las famosas: Carolina Bayón

Carolina Bayón es la Directora de Cooperación y Políticas Internacionales del Comité Olímpico de Estados Unidos (USOC, por sus siglas en inglés). Está involucrada en el movimiento olímpico desde hace 15 años y ha viajado a más de 60 países en los 5 continentes. Graduada con un título de Periodismo con énfasis en relaciones públicas y administración de empresas, Carolina, nacida en Colombia y criada en los Estados Unidos, inició su carrera con pasantías en la oficina de prensa de la Casa Blanca, en HBO y en Univision.

P: *¿Qué camino recorriste para llegar al USOC?*

R: Empecé como pasante con el Comité Olímpico de Estados Unidos justo después de haber hecho una pasantía en la Casa Blanca, durante la administración del presidente Bill Clinton. También había hecho pasantías durante mis años en la universidad con el Noticiero Univision en Miami y con HBO en Nueva York. El grupo de pasantes en USOC era grande, pero en ese momento no contaban con ninguno que hablara español, y yo lo dominaba bastante bien. En mi casa siempre se habló español porque mi mamá creía en la importancia de que sus hijos fueran bilingües. Como consecuencia tuve la oportunidad de que durante mi pasantía en el USOC me escogieran para ir a apoyar a nuestro equipo en Argentina durante los Juegos Panamericanos. Desde entonces he tenido un largo recorrido en el movimiento olímpico, incluyendo haber trabajado dentro del Comité Organizador de los Juegos Olímpicos de Sydney y de Salt Lake City. También trabajé con el Comité Olímpico Internacional en Lausana, Suiza, donde trabajé por casi cinco años antes de aceptar mi posición actual con el departamento de relaciones internacionales del Comité Olímpico de Estados Unidos.

P: *Sé que te has mudado un par de veces para aprovechar oportunidades laborales. ¿Cuánto te ha ayudado a crecer en tu carrera tu buena disposición para mudarte y para viajar tanto?*

R: Afortunadamente siempre me ha parecido que estar en contacto con otras culturas te enriquece en muchos aspectos y creo que haber trabajado en Australia y en Suiza me dio un gran abanico de posibilidades debido a que conocí más de cerca las necesidades y personas que dirigen este gran movimiento mundial del deporte.

P: *El mundo de los deportes suele ser visto como un ámbito masculino. ¿Te ha costado hacerte un lugar? ¿Cómo lo has logrado?*

R: Por suerte, he encontrado mucho respeto por mi trabajo y en realidad eso no ha sido una dificultad tal vez debido a que yo miro a las personas en un nivel de igualdad, sin distinción de sexo, creencias o cultura y creo que yo misma he sido percibida de esa misma forma por gente que tiene los mismos ideales. En realidad, ser mujer no ha sido una dificultad para mí y he podido al mismo tiempo realizarme en mi vida personal gracias a que para el cuidado de mis hijos he contado con el apoyo de mi esposo.

P: *¿Has tenido sponsors en tu vida profesional, es decir, altos ejecutivos que fueron tus patrocinadores y te abrieron puertas? ¿Y mentores?*

R: Creo que hay algo muy importante en la vida y es que aun cuando tú pienses que estás haciendo una labor que nadie nota, siempre hay alguien que se da cuenta cuando haces un buen trabajo. Preocuparme por desempeñar bien esa labor ha sido un instrumento importante. De la misma forma, cuando yo he visto que alguien trabaja bien y se interesa por el movimiento olímpico, he tenido la oportunidad de recomendar a gente para posiciones y hasta para llenar las vacantes que he dejado al mudarme a otro país. En su momento, Peter Ueberroth, el *chairman* del Comité Olímpico de Estados Unidos, le dijo a mi nuevo jefe que había hecho una excelente contratación. Este tipo de apoyo a puertas cerradas ha sido importante para darle mayor peso y confianza a mi trabajo dentro de la organización.

Mis mentores han sido mis jefes en las distintas organizaciones, de quienes siempre he aprendido muchísimo ya que este trabajo exige de ti el 100 por ciento y todas las personas que participan en el movimiento olímpico afortunadamente son conscientes de esta necesidad.

Cualquiera que sea el camino que hayas decidido recorrer, tu salida personal, lo más probable es que haya áreas en las que necesites desarrollar nuevas distinciones para lograr tu propósito. Para apoyarte en este camino no hay nada mejor que contar con una serie de individuos que cumplen funciones específicas dentro de tu red de contactos.

Con frecuencia, cuando le pido a un grupo que haga la evaluación de su red de contactos, y llegamos a la pregunta de si identifican algunas personas que son o podrían ser sus mentores, patrocinadores, simpatizantes o asesores, para muchos es la primera vez que escuchan estos términos. Quizá tú misma hayas tenido, hasta el capítulo anterior en que las explicité, algunas de estas distinciones y no todas. De lo cual se desprende que lo más probable es que no hayas podido buscar en forma deliberada individuos que llenen esas funciones en tu carrera. Si no tenías estas distinciones, no "veías" estas funciones y por ende, no podías actuar sobre ellas. Ahora que las tienes, puedes poner manos a la obra e iniciar tu búsqueda.

1. ¿Qué es un mentor?

Dentro de nuestro contexto, el mentor es una persona que te guía en aspectos relacionados con tu desarrollo profesional. Es posible que la función derive de la que cumplían los antiguos maestros al enseñar los diversos oficios a sus aprendices. Cada artesano o miembro de un gremio recibía instrucción directa de un maestro. En Latinoamérica, aún hoy en día, suele darse este tipo de relación a ese nivel.

En otros niveles, a menudo en Latinoamérica los mentores son parte de un engranaje para mantener los estratos sociales separados. Es decir, las clases privilegiadas tienen mentores para sus hijos para asegurar que éstos continúen accediendo a círculos educativos y profesionales a los cuales no tienen acceso quienes están en clases más bajas.

En Estados Unidos, en cambio, los mentores contribuyen a achicar la brecha que existe entre personas de diferentes clases sociales, tipo de educación que recibieron o cultura. Y quizá lo que está más desarrollado en Estados Unidos (sobre todo en los últimos años) sean los programas formales de mentores dentro de las empresas. Algunas lo hacen con ayuda de un programa informático, gracias al cual mentores y *protégés* (el que recibe el asesoramiento, que traduciré como protegido, aunque esta palabra no le hace justicia al concepto) listan sus características y el programa los empareja. Hay personas que tienen mentores en localidades distantes y otros que trabajan en el mismo edificio.

Puedes tener uno o más mentores a lo largo de la carrera y en forma simultánea. Tu relación puede ser formal o informal (es decir, pueden haber acordado que la persona será tu mentora o tener reuniones esporádicas donde tú recibes orientación), puede tener cualquier jerarquía siempre y cuando sea un experto al que respetas en el área en la que te está guiando y puede ser de cualquier raza, género, orientación sexual, etc., sin que necesariamente coincida contigo.

La voz de la experiencia

Para Carol Franks-Randall, superintendente retirada del sistema de educación pública de Elmsford, Nueva York, como mujer afroamericana su experiencia con mentores fue similar a la de muchas minorías: "En su gran mayoría mis mentores, tanto formales como informales, fueron hombres. Creo que eso se debe a la época en que trabajé en posiciones administrativas. Tal vez ese no sea el caso hoy en día pero ciertamente fue mi experiencia en los últimos años de los años ochenta cuando entré en administración. Mis mentores tampoco eran de mi raza".

Cómo encontrar un mentor

Si trabajas en una compañía grande, lo más fácil es que tu jefe cumpla una función de mentor. La experiencia de Cristina Vilella, Directora de Marketing en McDonald's USA y Teniente Coronel retirada de las Fuerzas Aéreas estadounidenses, ilustra este punto: "En la Fuerza Aérea tenía mentores que no eran ni mujeres, ni latinos. Yo empezaba con mi jefe inmediato como mentor formal. Buscaba conversaciones de retroalimentación para saber qué podía hacer mejor en la organización y en qué podía cambiar. Luego en McDonald's busqué mujeres dentro de mi carrera que fueran latinas u otras minorias que me pudieran ayudar a navegar la organización. Gracias a Dios en la Fuerza Aérea tenían un programa formal de mentores y por ahí empezaba. Y por ser oficial, yo también me encontraba siendo mentora de muchas mujeres y latinos enlistados. Tenía que mirar hacia arriba y hacia abajo. Identificar talento y ser mentora de otros mientras que al mismo tiempo otra persona era mi mentora. Eso me ayudo porque al entender lo que el otro necesita de su mentor, uno entiende lo que necesita uno mismo, cosas que por ahí no te das cuenta. Ser mentora es toda una responsabilidad".

La mayoría de mis entrevistadas comentan que sus jefes (y los jefes de sus jefes) suelen ser sus mentores y lo bueno de eso es que estos individuos conocen bien el funcionamiento y la cultura de tu compañía. Sin embargo no hay que desestimar la validez de encontrar mentores que estén en otras divisiones o en otras compañías ya que pueden ofrecerte otros puntos de vista, otros caminos para llegar a tus objetivos. Y como no es limitado el número de mentores que puedes tener, mi sugerencia es que explores más allá de tus jefes y para eso, no hay nada como estar alerta.

Cuando salió mi primer libro *Cómo conseguir trabajo en los Estados Unidos* y empecé a hacer segmentos en los medios, Julie Stav, una conocida personalidad en el área de finanzas, me invitó a su programa de radio. Tuvimos un show tan interesante y ella recibió tantas llamadas cuando yo salí del aire que al rato, cuando terminó su programa, me llamó para conversar. Esa primera charla telefónica duró cerca de una hora durante la cual me dio una serie fundamental de consejos para encaminar mi carrera en esta industria. Fue tan generosa conmigo que hasta me presentó a su abogado y le pidió que fuera mi mentor en el mundo del entretenimiento. Julie fue mi mentora informal durante el comienzo de esta etapa de mi carrera y mantuvimos llamadas y algunos encuentros de acuerdo a mis necesidades. Eventualmente, Julie escribió el prólogo de mi libro *La ventaja latina en el trabajo*.

Si trabajas en un lugar más pequeño, será cuestión de afiliarte a asociaciones de tu industria en las que puedas conocer personas con las cuales sientas una conexión, a las que admires, respetes y de las que puedas aprender. Enfatizo el factor conexión porque si no existe química, difícilmente se de una relación productiva con tu mentor. Si esta persona va a dedicarte tiempo y conocimientos sólo lo hará si tiene interés en ti. Por eso creo que no es tan efectivo acercarte a alguien que no conoces y preguntarle si quiere ser tu mentor sin que exista una previa inversión en la relación. Es más aconsejable desarrollar primero una confianza mutua (siempre volvemos a lo mismo) para recién después formalizar la relación o simplemente, mantener una relación de mentor/protegido más informal.

Y como te sugería en páginas anteriores, si eres empresaria, deberías encontrar colegas que tengan un negocio solvente que puedan guiarte en nuevas áreas que te interese explorar. Por ejemplo, si estás pensando en exportar tu producto, o en comercializar tus servicios por Internet, ¿qué mejor que establecer una relación con alguien que ya lo haya hecho de manera exitosa para que te ahorre pasos y dolores de cabeza? Puedes encontrar posibles mentores en reuniones de tu industria, en cámaras de comercio locales o en sitios en línea como LinkedIn.

La voz de la experiencia

"Cuando estaba buscando trabajo conocí a una mujer por medio del National Arts Club, una organización donde yo estaba a cargo del comité de eduación. Yo era profesora universitaria y quería cambiar de carrera y una amiga nos presentó. Esta mujer era mayor y trabajaba en Blue Cross Blue Shield (una compañía de seguro de salud). Me entrevistó y me recomendó a una colega que me contrató y empecé a ganar el doble de lo que ganaba cuando era profesora. Nos hicimos amigas pero ella fue siempre mi mentora y me dijo que siempre trabajaría para ella. El día que empecé a trabajar la nombraron Decana de la Facultad de Salud Pública del New York Medical College y me pidió que trabajara como profesora adjunta. Allí edité la revista de la universidad y organicé conferencias para esta mujer aún cuando yo tenía mi trabajo de tiempo completo. Sólo dejé de trabajar para ella cuando murió. Fue una relación de toda una vida, larga y satisfactoria dentro y fuera del ámbito profesional", cuenta Esther R. Dyer, Ph.D., Presidente y CEO de National Medical Fellowships, Inc.

Cómo manejar la relación

Igual que en cualquier otra relación, la relación con un mentor beneficia a ambas partes. El mentor tiene la gran satisfacción de ayudar a otra persona y verla crecer profesional y personalmente. Hay pocas cosas tan gratificantes como ver a uno de tus protegidos destacarse en su carrera y alcanzar su potencial. Además, los mentores se exponen a conocimientos valiosos para sí mismos (piensa en el caso de los jóvenes que aportan un manejo de multimedios más actualizado a sus mentores, ideas nuevas, puntos de vista frescos, etc.) y también, la relación genera aliados fieles.

Pero siempre que existe una relación formal con un mentor, hay ciertos formalismos, valga la redundancia, que hay que cuidar y la responsabilidad de hacerlo recae en el protegido. Estos formalismos se refieren a establecer tus metas, cumplir con las tareas que el mentor te va señalando, manejar el calendario de reuniones y la agenda. Todo lo cual tiene sentido cuando piensas que tú quieres estar al frente de tu carrera decidiendo tus propios objetivos.

Dentro de la enorme cantidad de estudiantes con los que estoy en contacto por mi iniciativa Latinos in College, un día se me acercó un joven al que hacía tiempo yo venía apoyando, para pedirme que fuera su mentora formal. Tuvimos una primera reunión y le pregunté cuáles eran los objetivos en los cuales quería que lo ayudara. Luego de que me los expusiera, le pedí que hiciera varias tareas y me las enviara. Me preguntó cuándo nos volveríamos a reunir y le dije que primero tenía que cumplir con las tareas que le había asignado.

Pasaron semanas sin que recibiera respuesta de él. Cuando finalmente me volvió a contactar fue para pedirme otra reunión. Dado que mi calendario está por lo general bastante apretado, y que él no había hecho lo que se suponía que debía hacer para acercarse a sus objetivos, le sugerí que habláramos por teléfono. Volví a hacer énfasis en los pasos que debía cumplir y nuevamente, desapareció hasta que tiempo más tarde reapareció con otros temas en los que necesitaba mi ayuda.

Esta no es la manera óptima de manejarte con un mentor. Todos tenemos tiempo limitado y preferimos usarlo en alguien que es serio a la hora de buscar ayuda. Me imagino que más de una vez habrás sentido la frustración de querer ayudar a alguien que no quiere ser ayudado. Lo mejor es esperar hasta que cada uno esté listo no sólo para pedir ayuda sino para recibirla.

Si formalizas la relación con un mentor (y aún cuando no la formalizas) y esa persona te da sugerencias que tú no sigues y luego continúas pidiéndole consejos, el incentivo para ayudarte se erosiona rápidamente. No digo que tengas que seguir todas las recomendaciones del mentor, pero si no estás de acuerdo con ciertas cosas, puedes discutirlas y explicar tu punto de vista. Pero si elegiste a alguien en quien confías, a quien admiras y respetas dentro del rubro en el que buscas ayuda, no me parece muy productivo desoir sus consejos, sobre todo cuando se trata de ayudarte a esclarecer tus prioridades. Si crees que sus consejos son consistentemente desacertados, quizá es preferible buscarte otro mentor. Si lo que sientes es resistencia porque no estás acostumbrada a actuar de una determinada manera, analiza tu reacción y reflexiona dentro del marco del lenguaje y las determinaciones tempranas (esos mandatos y mensajes familiares/culturales), a ver qué descubres. Tal vez la resistencia tenga que ver con algo muy antiguo que ya no tiene validez, como por ejemplo que te cueste aceptar retroalimentación porque te recuerda los comentarios críticos de tu madre.

La voz de la experiencia

"Busco gente que admiro por algún aspecto de su vida profesional, filantrópica, por su fe, y mi objetivo es construir una relación con ellos en algún nivel. Hago muchas preguntas y escucho. Luego escucho un poco más. Escucho no sólo lo que tienen para decir pero lo que otros dicen acerca de estos individuos o sobre los temas que están discutiendo. Tomo a cada persona que conozco como una oportunidad de aprender. Tal vez en ese momento no sepa cómo conectaremos pero me alejo habiendo aprendido algo nuevo sobre esa persona o con frecuencia, algo sobre mí misma", comparte Christine LeViseur Mendonça, Directora Gerenta de Shore to Shore Advisory, LLC y la Directora de Operaciones de Latinos in College.

Por otro lado, como mujer y como latina es importante que cuides de que tu mentor (sobre todo si es un hombre), no se transforme en una figura paternal, esa figura autoritaria a la cual te es difícil decirle que no. Tener presente esta posibilidad te alertará de síntomas que apunten a que has caído en la trampa. Dada nuestra experiencia tanto con nuestros padres como con más de un gobierno autoritario y paternalista en la región, nos resulta casi natural asumir una posición sumisa frente a jefes y mentores cuando la posición más productiva es una de diálogo abierto de intercambio.

El rincón de Arturo Poiré

✦

"Existe una diferencia en la manera en que hombres y mujeres se relacionan con mentores del otro sexo. Para los hombres, el mentor es como un entrenador deportivo que les da sugerencias, y orientación. A las mujeres que tienden a dudar más de sí mismas, y ser menos adeptas a tomar riesgos, y si son latinas se les suma que en general son leales y tienen una relación particular con la autoridad, se les arma un cóctel complicado. Entonces hay que estar todo el tiempo mirando que la relación no se transforme en algo tan paternal que no puedas decir que no a lo que te propone tu mentor. Para las mujeres que suelen ser menos agresivas en luchar por sus carreras, tener un mentor fuerte puede dificultarles las cosas. Llega un momento en que tienes que ganar tu independencia de decisión. Además es muy importante tener un mapa de la carrera de uno, poner por escrito los objetivos para poder volver a ellos en forma periódica y verificar si uno está o no dando los pasos adecuados para cumplir con los objetivos que uno se puso para sí mismo porque hay veces en que el mentor te puede sugerir que hagas ciertas cosas que no coinciden con lo que tú quieres para ti. Por ejemplo, Ana, una mujer ejecutiva muy exitosa a la que yo le daba *coaching* decidió dejar su puesto en una gran corporación porque su jefa veía para ella un camino —que si bien estaba lleno de buenas oportunidades— no era el que le interesaba a Ana para su futuro. Para llegar a esto, tienes que aprender a encontrar tu propia voz en la que puedas confiar porque a menos de que tengas claro lo que tú quieres, tu carrera va a estar guiada por otros. Y esto puede ser un problema con las carreras corporativas: que todo el mundo está definiendo todo el tiempo lo que quiere para ti. Sólo si tienes un plan que revisas semestralmente (tal como haces con tu portafolio de inversiones) sabrás si vas por el buen camino o si te has desviado".

2. ¿Qué es un patrocinador (sponsor)?

A menudo se confunde el concepto de mentor con el de patrocinador y es lógico que así sea dado que con frecuencia los mentores se transforman en patrocinadores. (Y te aclaro que en este contexto, la palabra patrocinador no tiene nada que ver con la persona que pone dinero para apoyar una causa o producto). Sin embargo hay una diferencia entre estas distinciones y es útil conocerla porque te permite buscar individuos que cumplan estas dos funciones específicas. Un patrocinador es una persona de alto nivel dentro de tu empresa o en tu industria con el que incluso puedes no tener una relación personal cercana pero que te conoce, sigue tu carrera, está al tanto de tus logros y cree en tu potencial. Esta es la persona que propone tu nombre cuando hay una buena oportunidad y la que puede hacer que se te abran puertas a las que de otra manera no tienes acceso. Es el individuo que ayuda a construir tu credibilidad y el que te puede salvar cuando alguna vez metas la pata. Una de las grandes ventajas de tener patrocinadores es que te dan acceso a una red de contactos que es de un nivel jerárquico mucho más elevado que el tuyo.

Casi sin excepción los altos ejecutivos deben gran parte de su éxito al apoyo de uno o más patrocinadores a lo largo de sus carreras. Como te comentaba, a veces tu mentor puede funcionar como tu patrocinador, por ejemplo, en el caso de Esther R. Dyer, la mujer que la contrató para trabajar en Blue Cross cumplió las veces de mentora guiándola durante la transición de una carrera universitaria a otra en el sector corporativo pero también hizo de patrocinadora al continuar abriéndole puertas a Esther en los subsiguientes puestos de trabajo.

La voz de la experiencia

"Más allá de los mentores, no se pone suficiente atención en el poder que tiene un patrocinador, alguien que use su influencia para beneficio de su protegida y luche por su próxima promoción, o su próximo puesto laboral al mismo tiempo que hace al menos dos de estas cosas: expandir la percepción de lo que su protegida puede hacer, establecer conexiones con altos ejecutivos, promover su visibilidad, abrir oportunidades profesionales, ofrecer consejos sobre apariencia y presencia ejecutiva, establecer contactos afuera de la compañía y dar asesoramiento. Mucho se ha hecho para dar consejos útiles a mujeres talentosas. Estoy convencida de que estamos en un punto crítico donde lo que se necesita son patrocinadores corporativos que ayuden a subir al mejor talento al próximo nivel", explica Daisy Auger-Dominguez, Managing Director, Executive Search Initiatives, Time Warner, Inc.

En su libro *Know your Value*, Mika Brzezinski menciona una investigación de Catalyst que encontró que, en relación con sus pares masculinos, las mujeres con alto potencial están *overmentored and undersponsored* o sea, que tienen demasiados mentores y pocos patrocinadores, y que esa es la razón por la cual no avanzan en sus carreras.

Cómo encontrar un patrocinador

Si trabajas en una corporación importante, el proceso de encontrar patrocinadores debe empezar por lograr que la persona de mayor rango al que tengas acceso en la corporación te conozca. Como dice Ruth Gaviria en el recuadro, tu objetivo debe ser conocer a tu CEO (Chief Executive Officer) ya que los CEOs de las diversas empresas (y más aún en la misma industria) se conocen entre sí e intercambian referencias unos con otros, es decir que aunque no lo creas, la mejor manera de conseguir empleo en otra compañía en el futuro, es desarrollar una relación con el CEO de tu empleo actual.

La voz de la experiencia

"Durante mi carrera jamás conseguí trabajo por medio de una reclutadora ejecutiva. Siempre los obtuve a través de mi red de contactos y mis últimos puestos los conseguí gracias a una patrocinadora que me ha recomendado para oportunidades de las que se enteró antes que yo. Cuando trabajas en una compañía es imperativo conocer a tu CEO. Lo que mucha gente no sabe es que una vez que tienes nivel de directora o más, tienes derecho a pedir una reunión con tu CEO. Lo adecuado sería primero hablar con tu jefe y preguntarle si le parece bien y yo lo haría en estos términos: 'Escuché a nuestro CEO hablar en tal evento y quedé tan impresionada con su visión que me gustaría conocerlo. ¿Estás de acuerdo con que lo haga?'. Yo nunca le negaría a un empleado esa oportunidad, al contrario. Me haría pensar que esa persona está interesada en su progreso profesional. Ahora, una vez que consigues esa reunión, debes ir preparada no sólo para lo que vas a preguntar sino para lo que el CEO te va a preguntar a ti, porque ningún CEO desperdicia la oportunidad de escuchar a alguien que está a un nivel más bajo en la compañía ya que por lo general, sus subalternos inmediatos no le cuentan todo lo que ocurre entre los rangos de los empleados. Lo primero que yo siempre hice es presentarle mis metas, explicarle qué hago y preguntarle algo como: ¿Cuál es su visión para mi división? ¿Cómo puedo ayudarlo a cumplir esas metas? ¿Qué puedo hacer para mejorar este trabajo? Y luego, prepárate para preguntas que él te va a hacer del tipo: ¿Cómo ves la moral de la compañía? ¿De dónde crees que vendrán nuevos ingresos? ¿Cómo podemos hacer que nuestros clientes estén más conformes con nuestro producto/servicio/programación, etc.? La idea es que no sólo tengas las respuestas en la punta de la lengua sino que además tengas soluciones para ofrecer. Y la mejor manera de presentar las soluciones es hacerlo con humildad: 'Me parece que algo que podría funcionar sería...' o 'Me da la impresión de que se podría probar...'.

Lo que debes pensar es que poca gente se atreve a decirle al CEO lo que realmente está ocurriendo en los niveles no jerárquicos de la empresa y tú podrías ser una de las personas que lo mantiene al tanto. Algo así como la que le toma la temperatura a la compañía y se la reporta. Esto te dará una ventaja competitiva, y no creas que eres la única persona que lo está haciendo. Claro que tienes que ser muy cuidadosa con los temas de los que hablas y de quién hablas. Jamás debes hablar mal de tu jefe o del jefe de tu jefe ya que eso sólo te traerá problemas. Mi estrategia siempre ha sido asegurarme de que el CEO sepa quién soy y preguntarle en esa primera reunión si puedo reportarle mis progresos una vez al año. Como consecuencia, en cada nuevo empleo, he podido usar de referencia al CEO del empleo anterior, lo cual me abrió las puertas y confirmó mi contratación una y otra vez", comparte Ruth Gaviria, Senior Vice President Corporate Marketing, Univisión.

Esta misma estrategia de la que habla Ruth puedes usarla para ganar visibilidad con cualquier otro individuo de alto rango en tu empresa o industria. Si trabajas en una empresa realmente grande, lo más probable es que sea imposible reunirte con el CEO a menos que estés a nivel ejecutivo. Si ese es el caso, reúnete con el Chief Diversity Officer o con el Chief Marketing Officer o con el Vice Presidente Ejecutivo de tu división. Lo importante es ir a la reunión preparada y, como sugiere Ruth, no sólo a presentar lo que haces sino a ofrecer soluciones a problemas que identifiques. Por otro lado, es interesante notar que a cierta altura de tu carrera, cuando tienes empleados a tu cargo, tus conversaciones deben ser acerca de "mi equipo" y no de "yo". Cuando hablas con ejecutivos de alto rango para que te vean como líder, es fundamental que hables como tal, y los líderes nunca hablan de sí mismos sino de lo que su equipo logró bajo su liderazgo. (Para ver algunas distinciones sobre este tema, lee el recuadro en donde comparto lo que cinco CEOs me dijeron sobre esta sugerencia de Ruth).

Para ti como latina, (y dependiendo de en qué país hayas nacido y te hayas criado) eso puede resultarte más fácil que para otras culturas ya que es probable que te hayan educado para hablar con humildad usando el plural "nosotros" en lugar del singular "yo". Mientras que durante una entrevista laboral el uso del "nosotros" puede confundir a tu empleador (haciendo que el entrevistador no sepa si los logros son tuyos o ajenos), cuando estás hablando sobre tus logros con un CEO u otros patrocinadores, esos deben transformarse en el logro de tu equipo.

El mismo principio se aplica si trabajas en una compañía mediana o pequeña o si tienes tu propio negocio. En los primeros dos casos, es bueno establecer una buena relación con los dueños o directores generales para que te ofrezcan cada vez mejores oportunidades así como también es importante afiliarte a asociaciones de tu industria para conocer ejecutivos de otras empresas similares. Nunca sabes quién será la persona que se juegue por ti.

Como empresaria, cuando haces un excelente trabajo, tus propios clientes funcionan de patrocinadores. Por un lado te promocionan internamente para que sus empresas te den mejores contratos y por otro te recomiendan a otras firmas que pueden usar tus productos o servicios,

Cómo manejar la relación

Los principios que rigen para construir y mantener cualquier relación profesional son los mismos que se ponen en juego también aquí: asegurarte de aportarle valor a la otra persona, interesarte por lo que hace, por sus objetivos y por darle seguimiento en intervalos regulares. En el caso de los patrocinadores la diferencia puede estar en que no hablarás con ellos tan seguido como con tus mentores (y con algunos quizá no hables nunca) pero eso no quita que puedes establecer puntos de contacto cada seis meses o una vez al año como sugiere Ruth Gaviria.

Lo más probable es que cuanto más alto sea el nivel de tu patrocinador, menor sea la frecuencia con que logres conectar con él o con ella. Esto no quita que está en tus manos materializar esas reuniones o charlas esporádicas en las cuales puedes hacer una actualización de tu situación y ofrecer los puntos de vista que tus patrocinadores tanto valoran de ti. Sólo cuida de no volverte excesivamente demandante o esperar de tu patrocinador cosas que debes solucionar con tus mentores. Sería una pena que desaproveches una valiosa relación por no saber cómo manejarla.

Hablan los CEOs

En una reciente conferencia organizada por Diversity Best Practices (www.diversitybesetpractices.com) tuve la oportunidad de conversar con cuatro CEOs y un COO (Chief Operating Officer). A todos les pregunté qué les parecía la recomendación de Ruth Gaviria de que cualquier empleada con un puesto de directora o más pidiera una reunión anual con el ejecutivo máximo de su empresa. Todos coinciden en que es una excelente idea. De una manera u otra sus compañías han establecido sistemas para facilitar la conexión entre individuos de alto potencial con ejecutivos para que funcionen como mentores.

Michael Howard, COO de Army and Air Force Exchange Service, una agencia del Departamento de Defensa de los Estados Unidos encargada de suministrar productos y servicios necesarios para su personal de servicio, aclara que tiene una política de puertas abiertas y que el protocolo adecuado es que la persona le comente a su jefe que quiere una entrevista con el COO o con el CEO. "Hablo una vez por semana en teleconferencia con diversos grupos de nuestra compañía y voy a sus eventos, o sea que siempre trato de estar en contacto con empleados no jerárquicos y escuchar sus necesidades".

John Edwardson, Chairman y CEO de CDW, un proveedor de tecnología y servicios con 6.000 empleados, comparte: "Yo almuerzo una vez por cuatrimestre con varios grupos de empleados que están a nivel de director para arriba. Tratamos de hacerlo en grupo porque es más eficiente, y en esa reunión me entero de sus progresos y sus necesidades. Pero si alguien me pide una reunión personal, yo le doy media hora. Eso sí, cuando vienen a hablar conmigo, no quiero escuchar que me hablen de 'yo esto' o 'yo lo otro'. A esa altura, quiero escuchar hablar de 'nosotros' y de 'nuestros logros'".

Michael I. Roth, Chairman & CEO de Interpublic, una de las empresas de publicidad y marketing más grandes del mundo, dice: "Yo tengo una política de puertas abiertas. Cualquiera que quiera hablar conmigo lo único que tiene que hacer es hacer una cita". Varios de sus empleados, que lo rodeaban mientras hablábamos, aclararon riéndose: "O venir a nuestros eventos, porque siempre está allí".

John B. Veihmeyer, Chairman & CEO de KPMG, LLP, una de las cinco firmas contables más grandes de los Estados Unidos, comparte que su empresa tiene un programa de líderes que involucran líderes (Leaders Engaging Leaders) donde cada miembro de su junta directiva y cada uno de sus altos ejecutivos toma bajo su ala a un empleado de alto potencial al cual le hace de mentor. "En la mayoría de las organizaciones, si eres un talento diverso (latino, afroamericano, asiático, etc.) y pides a alguien de alto nivel jerárquico que te quieres reunir con él, no creo que nadie te diga que está demasiado ocupado. Y si bien en mi caso, decirle con antelación a tu jefe que tienes una reunión conmigo no es de máxima importancia, yo sugeriría que lo hagas porque lo primero que yo hago cuando alguien solicita una reunión conmigo es contactar a su jefe y preguntarle acerca del desempeño de esta persona, en qué está involucrada, etc. No se trata de pedirle permiso al jefe, sino simplemente de decirle: 'Mira, te quería decir que le mandé un mail a John y nos vamos a juntar tal día'".

George Borst, Presidente y CEO de Toyota Financial Services, cuenta que igual que sus colegas, él también se reúne regularmente con el liderazgo de los grupos de empleados diversos de su empresa. (Employee Resource Group o ERG). "Uno de esos grupos es el de mujeres y después de esas reuniones, siempre hay una o dos mujeres que me mandan un email agradeciéndome la reunión y preguntándome si aceptaría ser su mentor. Estas pueden ser mujeres que están a cuatro niveles por debajo del CEO. Y siempre les digo que sí. Nos reunimos por media hora y les sugiero lo que tienen que hacer y luego nos juntamos tres meses después a ver el progreso. En un mundo perfecto, le comunican a sus jefes que se están reuniendo conmigo pero la realidad es que muchas trabajan para jefes que no quieren que se reúnan conmigo. Entonces yo me transformo en su cómplice y las guío sobre cuál es la mejor manera de trabajar con sus jefes y tal vez comentarles el hecho después de que nos hemos juntado. Yo creo que las mujeres son demasiado amables y humildes y no se autopromocionan, no se dan suficiente crédito. En general, cuando los hombres hablan conmigo es más probable que me digan veinticinco cosas que hicieron mientras que las mujeres, aun cuando hayan hecho cosas maravillosas, tienden a compartir el crédito de esos logros".

En una conversación posterior con George hablamos de los temas sobre los cuales las mujeres que se acercan a su oficina deberían consultarlo. "Lo ideal es que lo que vengan a hablar conmigo sean temas relacionados con visión y estrategia, que puedan entender adónde quiero dirigir la compañía o el departamento donde ellas trabajan. Me gustaría que que me mostraran cómo, lo que ellas están haciendo, puede ayudar a materializar mi visión. Ahora, yo respeto mucho a la gente que me desafía. Es decir, si yo digo: 'Nuestra aspiración como empresa es llegar a tal objetivo, que ellas me desafíen y me expliquen su punto de vista, que podamos tener una conversación y que cuando nos pongamos de acuerdo, estas personas vean cómo ellas van a contribuir a que eso se cumpla".

Como conclusión de esta enriquecedora ronda de conversaciones, creo que es fundamental que conozcas bien el estilo de tu CEO y la cultura de tu compañía para saber cuál es la mejor manera de acercarte. Y si bien algunas empresas son más formales que otras, nunca está de más avisarle a tu jefe/a que vas a pedir o que pediste una reunión con tu CEO. Si tu jefe se opone a que lleves a cabo tu plan, varios de estos ejecutivos me sugirieron que en ese caso debes comunicarte directamente con ellos porque tu jefe estaría interfiriendo con tu desarrollo, lo cual es un mal síntoma en una compañía. Sin embargo, en el mundo real en el que vives y trabajas, esta movida puede generarte un roce con tu jefe, por lo cual tendrás que usar toda tu diplomacia, cautela y astucia para no enemistarte con él/ella en camino a lograr mayor visibilidad.

Para muchas de mis entrevistadas, tener un *sponsor* hizo la diferencia entre haberse quedado estancadas en sus organizaciones y haber podido salir adelante como lo hicieron. Gloria Puentes, Directora Nacional de la Campaña Dignidad y Respeto del University of Pittsburgh Medical Center dice que una de las maneras de aumentar la representación femenina en los niveles ejecutivos es que las mujeres patrocinen a otras mujeres tanto en sus compañías como en la comunidad. Mi propuesta es que no sólo tú busques patrocinadores para ti sino que patrocines a las mujeres que vienen detrás de ti. Que las ayudes a navegar el sistema y les abras puertas cada vez que te sea posible.

¿Qué es un simpatizante (advocate)?

Todos tenemos un grupo de simpatizantes. Y si no, te invito a que mires otra vez tus páginas en las redes sociales como Facebook y verás que de las docenas de "amigos" que tienes, hay más de unos cuantos que ni siquiera conoces.

El simpatizante, *advocate* en inglés, puede estar a cualquier nivel jerárquico y es una persona que habla bien de ti tanto cuando estás en el cuarto como cuando no estás. Es alguien que te admira y respeta, que cree en tu trabajo, en tus objetivos y en tí como persona, y colabora con la construcción de tu reputación comentando tu última iniciativa, lo bien que la trataste o la oportunidad que le brindaste, cuánto colaboras con la comunidad o cómo siempre estás dispuesta a darle una mano al prójimo con sus proyectos. Además, estos individuos tienen un valor incalculable a la hora de facilitarte la vida porque en general ocupan puestos de apoyo y son los que saben todo lo que ocurre en los diversos departamentos, el mejor momento de aproximarte a sus jefes para hablar de ciertos temas, la estrategia más astuta para conseguir que alguien te de una cita o para que te inviten a un evento que te interesa.

Como te comentaba en el capítulo de *networking*, los simpatizantes son un ingrediente tan válido en tu red como los patrocinadores y los mentores. A lo largo de mi carrera, he conseguido grandes contratos gracias a que alguien que me conoció en alguna conferencia me recomendó para un proyecto. Tengo numerosos ejemplos de empleados de poco nivel jerárquico que han sido la clave para que mis proyectos salgan adelante o para que todo funcione sin inconvenientes. Por ejemplo, aquellos que hablan acerca del impacto que alguno de mis libros tuvo en su carrrera y a partir de allí recibo un llamado para diseñar un programa en esa compañía. O la asistente administrativa en una corporación enorme con la que desarrollé una relación muy linda. Ella era la que pagaba

MARIELA DABBAH

mis facturas y siempre se ocupaba de que yo cobrara mis cheques a tiempo. O la asistente de la Chief Marketing Officer que sin importar cuán ocupada estuviera su jefa, siempre encontraba el hueco para mí en su calendario. O de la joven analista que a pocos meses de haber entrado a su trabajo me llevó de oradora a su compañía luego de años de que el director de diversidad que me conocía bien, no lograra encontrar el presupuesto para hacerlo. O de una asistente del departamento de Relaciones Públicas que constantemente me hace invitar a la mesa que su empresa compra en grandes galas.

Es fácil ver que sin este ejército de simpatizantes, me sería mucho más difícil hacer lo que hago de manera satisfactoria. Este grupo tiende a ser poco reconocido pero si lo conceptualizas como el aceite que engrasa las ruedas del engranaje de tu *network*, cambiarás tu actitud y les podrás dedicar la atención que merecen.

Cómo encontrar simpatizantes

Esta pregunta es un poco menos transparente que las anteriores. Es como si quisiera explicarte cómo conocer amigos. No pretendo darte la receta y mucho tendrá que ver con tu personalidad, el espacio en el que te mueves, lo que buscas profesionalmente y demás. Y por otro lado, hay simpatizantes a quienes nunca llegarás a conocer.

Pero tengo algunos principios que me han funcionado muy bien y que comparto contigo:

> ➤ Trata bien a todo el mundo sin hacer distinción de rangos. Primero, porque todas las personas tienen derecho a que las respetes y les des un buen trato. Segundo, porque nunca sabes quién conoce a quién o cuándo la reclutadora con quien te estás por entrevistar está usando como sus "ore-

jas" al asistente que te pidió que llenes el formulario en la sala de espera. Si maltratas al asistente, te cierras automáticamente las puertas con la reclutadora. (Esto suele ser cierto en todas las circunstancias. La mayoría de la gente tiene la máxima confianza en sus asistentes administrativos y tienden a protegerlos y a tomar muy en serio sus opiniones). Tercero, porque hoy en día nunca sabes quién terminará siendo tu jefe/a.

➤ Establece una relación personal con los asistentes de las personas de alto rango con las que tengas trato o quieras tener trato. Interésate por sus carreras, sus familias y sus sueños. Si está dentro de tus posibilidades, contribuye como puedas a acercar estos sueños.

Cómo manejar la relación

Es difícil llevar adelante una relación personal con aquellos simpatizantes a los cuales no conoces, en mi caso, mis lectores, personas que asisten a mis conferencias o quienes me ven en algún medio. Sin embargo, los principios que te mencioné recién aplican a todo el mundo por igual. Cuando presento soy respetuosa de mi audiencia y de los comentarios o preguntas que tengan. Nunca desestimo la opinión de otros porque no coincida con la mía o porque no tengan un determinado nivel educativo o profesional. Es esta apertura la que te hace más accesible y por lo tanto más agradable al prójimo.

A aquellos simpatizantes que conoces, hazles cada tanto una atención. Dependiendo del contexto, esto puede ir desde una barra de chocolate o un ramo de flores, a invitarlos a participar en algún evento al que tú tienes acceso o salir a tomar un café. A todos nos gusta ser reconocidos y más aún por personas a las que admiramos.

Dentro de lo posible, trato de intercambiar aunque sea un saludo cada varios meses con personas de mi *network* que sé que funcionan como simpatizantes en mi carrera. Les pregunto en qué andan, o les envío información sobre algún tema relevante. Demostrar un interés genuino es casi siempre la mejor manera de construir y mantener relaciones duraderas y productivas y en este caso no es diferente.

¿Qué es un asesor (advisor)?

Es fácil confundir el rol del mentor con el de un asesor y en ocasiones, la misma persona cumple ambas funciones. Sin embargo, como sabes que aquí mi intención es distinguirlas te cuento que un asesor puede ser un conocido, amigo o colega que te conoce bien y con quien tienes la confianza suficiente como para consultarlo en temas específicos en los que precisas ayuda puntual.

La junta de asesores

Hace algunos años, cuando decidí cambiar de carrera por tercera vez e iniciar el camino en el que me encuentro en la actualidad, identifiqué a varias personas dentro de mi círculo para que me asesoraran en aspectos específicos. Sin darme cuenta, formé mi propia junta de asesores (*Board of Advisors*). Este grupo funciona de manera similar a las juntas de asesores en una compañía u organización. Son las personas con las cuales el CEO consulta sus proyectos e ideas antes de implementarlas, cosa de escuchar diversos puntos de vista que le permitan tomar una decisión educada.

Claro que a diferencia de la junta de asesores de una organización, yo no me reúno con ellos una vez por trimestre y nunca estuvieron todos en la misma sala juntos hablando de mí sino que consulto a cada individuo cuando lo necesito. Algunos de mis asesores son amigos profesionales expertos en ciertas áreas. Así tengo una amiga productora que me asesora desde hace años sobre mis apariciones en los medios; un amigo que me aconseja sobre temas relacionados con mi trabajo en corporaciones; una amiga que revisa todos mis libros educativos; otra que edita todo lo que publico en inglés antes de que sea publicado, etc. Otros, son profesionales y *coaches* a los que les pago por sus servicios: mi agente, mi abogado, mi manager, etc. (El próximo apartado habla específicamente de los *coaches* privados).

Cómo encontrar una junta de asesores

Dependiendo de qué tipo de asesoramiento necesites será la combinación de profesionales que te convenga invitar como miembros de tu junta. Algunos de los míos fueron recomendados por mi círculo de conocidos, otros los encontré en asociaciones profesionales de las que soy miembro. Te recomiendo que encuentres tú también asociaciones de tu industria y de otras en las que puedas conocer expertos que te sirvan para tus objetivos. Una vez que estableces una relación de confianza con alguien que tiene alguna especialidad que te interesa, puedes empezar a consultarlo con temas específicos. La conexión con este grupo suele ser informal. Por ejemplo, cuando estoy preparando un segmento sobre empleo y tengo alguna duda, llamo a mi colega reclutadora ejecutiva y la consulto. Cuando hay algo relacionado con mis actividades educativas, llamo a mi amiga que tiene tres maestrías en educación.

¿Qué es un coach *privado*?

Hay ciertos momentos en tu carrera en los cuales se vuelve necesario que contrates a un asesor o *coach* especializado en asistir a la gerencia media y ejecutivos en continuar su crecimiento profesional. Esto es particularmente cierto si te has criado en una familia con poca experiencia y acceso al mundo corporativo, de bajo nivel socio-educativo, o fuera de los Estados Unidos donde las reglas son distintas.

Llega un punto en que necesitas contar con alguien que te ayude a navegar estas organizaciones y te explique las reglas no escritas y, con frecuencia, esa persona debe estar por fuera de tu ambiente laboral para ayudarte a resolver situaciones conflictivas.

Para identificar el tipo de *coach* que necesitas, es preciso que primero evalúes dónde estás parada y cuáles son las áreas en las que requieres apoyo o qué áreas de interés te gustaría desarrollar y expandir. (En el próximo capítulo hablaremos en detalle de la función de un *coach* para ayudarte a resolver conflictos y errores en el trabajo).

Por otro lado, hay compañías que asignan a sus ejecutivos un *coach* para ayudarlos en aspectos requeridos por la posición. Puede ser preparación para hablar en los medios de prensa, para dar discursos en nombre de la compañía o para negociar en diversos países.

Capítulo 11

Errar es humano

Hablan las famosas: María Antonieta Collins

La reconocida y premiada periodista María Antonieta Collins, desde 2011 Corresponsal Especial Principal de Noticias Univision, empezó su carrera en México como reportera de la cadena Televisa en el programa *24 horas* y pocos años después se convirtió en la primera corresponsal de esa cadena en California. Por las próximas dos décadas fue Corresponsal en Univision y presentadora del noticiero nacional de Univision del fin de semana hasta que dejó la cadena en el 2005. Su próximo desafío la llevó a tener su propio programa matutino: *Cada día con Maria Antonieta,* donde tuvo el privilegio de colaborar con segmentos de educación y desarrollo profesional. Además de haber ganado cuatro premios Emmy por su gran trabajo periodístico, María Antonieta (prolífica escritora de columnas en periódicos y presentadora de *Casos y cosas de Collins,* su propio show nacional sindicado para la radio) es la autora de nueve libros (tres de ellos en las listas de los mejor vendidos) entre otros: *Porque quiero, porque puedo, porque me da la gana, Dijiste que me querías* y *Cuando el monstruo despierta.* Es también co-autora con Juanita Castro, hermana de Fidel Castro del libro: *Fidel y Raúl mis hermanos: la historia secreta.*

MARIELA DABBAH

P: *En tu larga y exitosa carrera periodística, ¿qué principios guiaron tus decisiones más importantes?*

R: Siempre he pensado en que una carrera longeva como la mía, de más de 37 años en la TV, se ha basado en prepararme y estar lista para cuando la oportunidad se presente, entonces no dejarla ir. He recorrido todos los pasos para ir logrando posiciones, pero antes que eso ha sido fundamental saber cuál es mi fuerte, y entonces especializarme en eso para ser la mejor.

P: *De todas las múltiples responsabilidades que has tenido (como reportera, presentadora de tu propio programa, escritora, etc.), ¿cuál es la que te ha dado mayor satisfacción y por qué?*

R: Yo soy antes, durante y después de todo una reportera. Soy feliz sabiéndome una reportera en el campo, y el título que Noticias Univision me ha otorgado a mi regreso a la cadena me llena de orgullo: *Senior Special Correspondent*, lo que confirma que ser la reportera Collins es lo mío, lo demás ha sido circunstancial. Escribir libros y columnas para periódicos es gratificante y viene a ser una continuación de ser reportera.

P: *¿Cuál es el mayor error profesional que has cometido y cómo lo has superado? ¿Qué enseñanzas te dejó y qué te gustaría compartir con las mujeres que están luchando por crecer en sus carreras?*

R: Si la gente cree que voy a responder que fue un error irme de Univision hace seis años se equivocan. Esa fue una gran experiencia que me enseñó muchas cosas y que sobre todo me preparó para el retorno a mi casa, a Univision, donde crecí profesionalmente en los Estados Unidos.

Al principio de mi carrera, en 1974 cuando era una joven reportera en Televisa, México, mi entonces jefe, Jacobo Zabludovsky me puso a prueba: me dio una triple asignación para cubrir en un solo día.

Con la inexperiencia y la juventud de 22 años de edad por supuesto que en vez de cuestionar el no poder hacerlo todo y escoger una sola asignación, dije que sí y me fui a la calle a buscar las noticias que me habían encomendado ¿resultado? No pude hacer ni siquiera una sola de las historias para el noticiero de aquella noche.

Eso me costó que el entonces Jefe de Información del noticiero me suspendiera, ¡lo cual fue una vergüenza que recuerdo hasta el día de hoy! Hasta hoy también recuerdo sus palabras: "Fuiste una inconsciente y sobre todo una reportera irresponsable". Estaba prácticamente con un pie en la calle.

Sin embargo, siempre he sido una reportera con una buena estrella y muchos amigos que nunca me han dejado sola ni me han olvidado.

Así, manos generosas y amigos que lo fueron más, me dieron el consejo de oro: "No tengas miedo por haber fallado. Aprende de tus errores y enmiéndalos". La lección aquella quedó grabada en mi mente, tanto, que hasta el día de hoy, con toda la experiencia acumulada, cuando la asignación que me dan es complicada, siempre vigilo la logística para realizarla y tomo los pasos para protegerme y evitar que aquello que me sucedió en 1974, hace treinta y siete años, me vuelva a pasar. No importa el tiempo transcurrido, las buenas lecciones no se olvidan.

P: *La vida te ha presentado fuertes desafíos personales, ¿cómo has logrado mantener el equilibrio entre tu vida personal y profesional en esos difíciles momentos?*

R: Creo que con los años el balance de tu vida profesional te hace ver si tuviste equilibrio o no. Durante mucho tiempo supe que yo no lo tuve y sacrifiqué mi vida personal que sufrió lamentablemente. Hay cosas que pueden recuperarse, otras no.

Lo importante es que la seguridad y el amor por lo que he logrado en mi trabajo siempre fueron el bálsamo para las heridas que produjeron mis ausencias familiares. Mis hijas crecieron sabiendo que su madre quizá las llevaba a la escuela, pero que a la salida ya no las recogería porque había sido enviada en una asignación fuera de la ciudad. Me veían en la noche por la televisión y las quejas eran frecuentes. No me salvé de escuchar decenas de veces las recriminaciones familiares. Sin embargo, hace poco, Antonietta mi hija menor —la más quejumbrosa— hoy *anchor* de deportes de Univision 23 en Dallas, Texas me reivindicó. "Mamá", me dijo, "¿cómo le hiciste para tenernos bien y siempre, sin importar donde estuvieras, tú estabas presente? Siempre fuiste mágica. Ahora imagino lo que habrás pasado… Si yo, con la única responsabilidad de mi perrito, apenas si puedo cumplirla . . .".

Así fue como me enteré de que no lo hice tan mal.

Sin lugar a dudas, a lo largo de numerosos años de profesión, todos cometemos errores ya sea por comisión o por omisión. Es parte de la experiencia de ser humano y, si eres astuta, puedes convertirlos en un aprendizaje y en una oportunidad de crecer y foguearte como líder. Pero ¿qué pasa cuando cometes un error grave en tu trabajo? ¿Uno de esos errores de los que parece no haber posibilidades de recuperación? Como por ejemplo, que hayas proyectado mal tu presupuesto o tus ventas; que hayas calculado mal el tiempo que te iba a tomar un proyecto y no llegues a cumplir la fecha límite; que pierdas los estribos con un subalterno; que tengas un error en tu reporte de gastos; que cuestiones la autoridad de tu jefe en público; que alguien te cuente algo que por ley debes reportar y no lo reportes o miles de otras posibles metidas de pata.

En momentos así, a los latinos se les combina un fuerte orgullo personal con no tener una comprensión clara de cómo manejarse ante situaciones conflictivas dentro del contexto corporativo. A las mujeres se les suma el hecho de que suelen tardar más en pedir ayuda para resolver el error, lo cual empeora aún más las cosas. Estos elementos contribuyen a hacer que la situación parezca irremontable y lleva a que muchos latinos renuncien o pierdan sus empleos y acto seguido opten por abandonar sus carreras corporativas y ponerse por su cuenta.

Y aunque no hay nada malo en elegir un camino como empresaria o profesional independiente, y sin ir más lejos es el que elegí yo como escritora y consultora, la idea es que si lo vas a elegir, lo hagas porque eso es lo que mayor satisfacción te produce y no porque sientas que es la única alternativa a haber perdido tu trabajo por un error que no pudiste superar. Es verdad que trabajar para terceros puede ser un desafío y a veces incluso ser muy frustrante, pero si no tienes una cultura de trabajar por tu cuenta y decides zambullirte en una aventura como reacción a lo que te ocurrió, hay grandes posibilidades de que no te salga como esperas.

Si no logras resolver el error por tu cuenta y no puedes contar con tu red de apoyo (tus mentores y asesores) para buscar consejo, por qué no darte una oportunidad real de cumplir las metas que te habías propuesto invirtiendo en contratar a alguien que puede ayudarte a entender cómo funciona la política interna de grandes corporaciones. Esta persona puede orientarte acerca de los pasos a seguir para resolver conflictos o errores que hayas cometido. Además puede explicitarte cómo tu propia personalidad (incluyendo tus rasgos culturales) impactan tus resultados.

Algunos errores típicos

Hay ciertos conflictos típicos que tarde o temprano, un gran número de latinos parecen atravesar sin importar si son empleados de una empresa, profesionales independientes o si tienen sus propios negocios. Quizá si los conoces puedas anticiparte a ellos y actuar de manera que logres evitarlos.

✧ Cuando un proyecto tiene una fecha límite, dicha fecha no es negociable una vez que pasó. Bajo algunas circunstancias tal vez puedas renegociar la fecha si hablas con tus supervisores con el suficiente tiempo de antelación para darles tiempo a ajustar sus propias fechas. Pero no creas que si tu jefe (o tu cliente) no menciona esa fecha es porque no se acuerda. Como dice Ruth Gaviria: "En el momento en que tu jefe te tiene que recordar una fecha límite, tú no estás haciendo tu trabajo". Este tema del incumplimiento de fechas o la percepción de que son elásticas es un rasgo complicado para las personas de ascendencia latina ya que contribuye a la imagen de que no tienen un sentido de urgencia y que no se toman en serio su trabajo. Como vimos en capítulos anteriores, es crucial ajustar tu concepto de tiempo al que existe en la cultura norteamericana si quieres salir adelante en este país y si quieres triunfar en la economía global que tiende a manejarse con parámetros de tiempo más anglosajones.

✧ Y ya que hablamos de la dificultad de ajustarse a las fechas límite y al concepto de tiempo anglosajón, otro de los errores que debes evitar es llegar tarde al trabajo o irte antes de lo que te corresponde. Una emergencia le ocurre a cualquiera, pero el problema radica en creer que puedes llegar tarde varias veces por semana sin que eso tenga consecuencias. No sólo tus colegas te resentirán porque no cumples con tu parte sino que tus jefes no apreciarán tu actitud. Si por algún motivo la toleran, lo más seguro es que eviten presentarte buenas oportunidades futuras.

✧ Usar cualquier tipo de excusa para justificar que no has hecho tu trabajo dentro del período de tiempo preestablecido va a dejarte muy mal parada con tu jefe. En realidad, en el mundo competitivo actual hay poco lugar para excusas porque tú tienes que incluir un colchón de tiempo en tu planificación para hacer lugar a cualquier eventualidad. Por ejemplo, si me piden este manuscrito para el 15 de agosto, yo sé que debo tenerlo listo para el 30 de julio porque no sé si alguna etapa de la escritura me va a tomar más tiempo o si voy a estar particularmente ocupada las primeras dos semanas de agosto con otros compromisos. Es como cuando planificas ir a un lugar al que sabes que te toma media hora llegar. Lo ideal es que agregues otros quince minutos por si hay tránsito y de esa manera te aseguras de que llegarás puntual.

◇ Otro tema difícil para personas de nuestra cultura es controlar la cantidad de información personal que compartimos con colegas. Encontrar ese límite entre ser amigos y tener una relación amistosa. Está bien compartir lo suficiente para que los demás se sientan cómodos contigo pero es necesario que te cuides de no compartir en exceso para evitar que en algún momento puedan usar esa información en tu contra.

◇ No escuchar la retroalimentación que te dan tus jefes es bastante común sobre todo cuando te lo presentan en lo que se llama un "sándwich" es decir, te dicen algo positivo, algo en lo que debes mejorar y cierran con otra cosa positiva. Por ejemplo: "Ana, este trimestre he notado un aumento en tu participación en nuestras reuniones de equipo. Creo que debes trabajar en tu estilo de comunicación porque a veces eres excesivamente directa y eso te quita efectividad. Pero me parece que tus aportes durante nuestras reuniones han sido muy valiosos y espero que continúes haciéndolos". Muchos latinos tienden a no escuchar el "jamón" del sándwich, es decir, la parte en que el jefe sugiere que mejore el estilo de comunicación, y por ende, no hacen nada para cambiar ese aspecto. Seis meses más tarde, en la próxima evaluación, el jefe, al no notar cambios puede pensar que no tienes intención de ajustar tu estilo y no darte la promoción que creías asegurada. Conozco mucha gente que "se lleva la sorpresa" de que la despidan porque no registraron esa parte entre los dos comentarios positivos. Por eso cuando tienes tu evaluación semi-anual o trimestral es bueno que escuches con atención, preguntes explícitamente cuáles son las áreas donde tu jefe ve oportunidades para tu desarrollo y que trabajes en ellas ya sea sola o con la ayuda de un *coach*.

✧ Hacerte la víctima nunca funciona. Ya sea como punto de partida de una negociación (explicar que necesitas un aumento porque tu mamá está muy enferma y no tiene seguro) o como excusa para no hacer tu trabajo. En general los jefes aborrecen a las personas que se ponen en posición de víctima y tu carrera tendrá corta duración si adoptas esta estrategia.

✧ Recuerda que la impecabilidad de tu palabra es parte crucial de tu marca personal. Cumplir con lo que prometes y no echarte atrás a medio camino son valores que conforman tu reputación. Una vez que empiezas a hacerte conocida como alguien que promete pero no cumple, estás en serios problemas pues pierdes la credibilidad y la confianza que otros depositan en ti. Piensa en cuán rápido todos desconfiamos de los políticos que prometen el oro y el moro durante sus campañas electorales sólo para echarse atrás una vez que son electos.

Si eres ambiciosa y tienes un jefe que traba tu crecimiento, lo peor que puedes hacer es renunciar. Conozco muchas mujeres (y latinos en general) que prefieren buscar otro trabajo antes que enfrentar la situación y encontrar una salida. Es aquí en donde puedes hacer buen uso de tus mentores y de ser necesario de algún *coach* privado. La idea es que puedas diseñar una estrategia que te permita continuar avanzando sin que tu jefe se sienta amenazado.

Por otro lado, Arturo Poiré cuenta que uno de los errores más comunes que cometen las mujeres es no manejar bien la flexibilidad que hoy en día existe en el trabajo. "La flexibilidad en tu trabajo debe ser un camino de dos vías. Si te dejan trabajar de 8:00

am a 4:00 pm, por ejemplo, no puede ser que nunca te ofrezcas cuando tu jefe pregunta quién puede hacer esto o aquello porque requiere quedarse hasta más tarde. Si tú no explicas tu situación y ofreces un plan B como por ejemplo: 'Mira, yo no puedo quedarme hasta las 6:00 pm para terminar ese proyecto porque tengo que recoger a mis hijos de la escuela, pero puedo terminarlo más tarde en mi casa', tu jefe puede interpretar que tu no eres una *team player* (que juegas bien en equipo), que no te interesa progresar en el trabajo, que no tienes la capacidad de hacerlo, etc. Pero si le explicas la realidad y aclaras que estás dispuesta a hacer tu parte en otro horario, la cosa cambia. A muchas mujeres que tienen hijos les da vergüenza dar estas explicaciones pero la realidad es que les beneficiaría ser asertivas en cuanto a que contribuyen a su trabajo tanto como los demás. Muchas de ellas están conectadas online y con sus BlackBerrys hasta altas horas de la noche".

Qué hacer si cometes un error grave

Todos, insisto, todos cometemos errores constantemente. Algunos más graves que otros. Y lógicamente, a medida que vas creciendo en tu carrera y tomando más riesgos y responsabilidades, la posibilidad de cometer un error serio aumenta. Si estás en una posición gerencial, Ruth Gaviria tiene algunos puntos a tomar en cuenta.

La voz de la experiencia

"Hay que saber que en general hay más chances de recuperación que las que uno cree, sobre todo si tienes buena voluntad y estás dispuesta a hacer lo que sea necesario para enmendar la situación. El secreto es reconocer el error lo antes posible. Ahora, si te encuentras en esa misma situación dos o tres veces, debes reconocer que tú tienes el problema y no los demás y por lo tanto debes tratar de analizar qué te ocurre por lo cual actúas de forma tal que termina perjudicándote", comparte Ruth Gaviria.

La pregunta es ¿qué puedes hacer para resarcirte si has cometido uno de estos errores graves? En términos generales, algunos pasos que puedes seguir son:

➤ Admitir tú misma lo antes posible, que has cometido un error y no suponer que la otra persona involucrada no se dará cuenta. Otra vez te digo que hacer la del avestruz es una estrategia nefasta porque el otro interpreta que tú lo estás subestimando, lo cual no hace más que agravar la situación.

➤ En nuestra constante búsqueda de darle sentido a lo que ocurre, tendemos a construir explicaciones para entender de quién fue la culpa o justificar nuestra inocencia o buenas intenciones. Lo mejor es evitar perder demasiado tiempo en discutir quién tuvo la culpa y concentrarse en cómo resolver el problema y luego mirar si hay algunas causas sistémicas que se pueden arreglar o cuál fue el motivo por el que alguien (tal vez tú) dejó caer la bola, como se dice en inglés: *let the ball drop*.

➤ Admitir frente a la otra persona que cometiste un error, pedir disculpas y, si corresponde, preguntarle cuál es la mejor manera de resolver la situación.

➤ Dejar de lado tu ego y poner toda la buena voluntad de tu parte para hacer lo que sea necesario para solucionar el problema. Este es un paso importante donde te demostrarás si estás lista para continuar luchando por tu sueño o si vas a renunciar.

➤ Si el error es grave, pedir asesoramiento a la oficina de recursos humanos para que te orienten en cuáles pueden ser las consecuencias del error. Si trabajas por tu cuenta, puedes consultar con tus mentores y asesores.

➤ Si no puedes hablar con nadie en tu esfera laboral acerca del conflicto, considera contratar un *coach* privado que te guíe.

Si estás en una posición gerencial o ejecutiva, es bueno que sepas que en esta época es bastante frecuente que las empresas no den a sus ejecutivos más que unos meses en un nuevo puesto de trabajo para demostrar su productividad y rendimiento, lo cual implica que en ocasiones pueden llegar a despedirte sin que hayas cometido un error. Esto tiende a generar una elevada dosis de ansiedad y la mejor manera de contrarrestarla es armarte de un equipo de asesores internos y externos lo antes posible para que te ayuden con el proceso de adaptarte a la cultura de tu lugar de trabajo y a lo que se espera de ti. Lo que tiene de positivo esta alta volatilidad es que el estigma que antes existía respecto de haber sido despedido, está desapareciendo velozmente. (Aunque esto tiende a ser más cierto para los altos ejecutivos que para los empleados de menor rango).

Eso no quiere decir que debas actuar como si no te importaran las consecuencias o que el hecho de que te despidan no sea siempre traumático. Pero el temor de que si te despidieron alguna vez de tu empleo no podrás volver a conseguir trabajo es cada vez más infundado.

El rincón de Arturo Poiré

✦

"Las carreras no son una línea recta hacia el éxito. Hay que tener siempre presente lo que uno planeó porque cuando uno comete un error grave suele olvidarse de lo que había decidido. Y lo que hay que entender es que a menudo los movimientos laterales te permiten descubrir todo tu potencial. A veces moverse demasiado rápido hacia arriba puede ser contraproducente porque uno no está preparado en todas las dimensiones necesarias para desempeñarse satisfactoriamente: el conocimiento técnico, la madurez psicológica y emocional, y tener la experiencia necesaria para ese nuevo puesto. Todos estos aspectos deben estar parejos para pasar al próximo nivel.

Por otro lado, cuanto más avanzas en tu carrera (a niveles más *senior* o ejecutivos) cada vez la gente te da menos retroalimentación. Al CEO de una empresa todo el mundo le dice que 'sí', y que todo está bien. Los mensajes se vuelven mucho más sutiles y por eso es fundamental tener una estructura que te de retroalimentación. Puede ser gente a la que tú habilitas para que te diga cualquier cosa o un *coach* al que le pagues para que te marque los errores".

Tercera Parte

¡Adelante! Viento en popa

Capítulo 12

Es hora de decir que sí al próximo desafío

Hablan las famosas: María Celeste Arrarás

La atractiva presentadora de *Al Rojo Vivo* en Telemundo, prácticamente no necesita presentación. Inició su carrera como reportera en su Puerto Rico natal y desde 1986 trabaja en los Estados Unidos en donde por muchos años fue la co-anfitriona de *Primer Impacto*, un exitoso programa de noticias en Univision. Ha recibido numerosos reconocimientos, desde ser nombrada por *Newsweek* como una de las "20 Mujeres Más Poderosas del Mundo", hasta haber recibido un Emmy. Los logros de María Celeste son muchos y variados. Sus libros son siempre un éxito de ventas (*Vive tu vida al rojo vivo, El secreto de Selena* y *El bastón mágico*) y es una de las celebridades más activas en Internet. Uno de sus recientes *Twitcam chats* alcanzó a 11 millones de personas.

P: *Desde muy temprano en tu vida como competidora internacional en natación has buscado desafíos. ¿Qué te impulsa en esta búsqueda?*

R: Pienso que el haber sido deportista desde niña me llevó a ser competitiva, a buscar siempre la excelencia y a imponerme nuevas metas cada vez que alcanzo otras. Desde bien chiquita mi papá siempre me

217

motivó a que nadara y fuese campeona. Me decía que las ansias de superación deben venir de adentro y que siempre hay que luchar por ser mejor. Que cuando le ganara a las otras niñas, mi rival serían el cronómetro y yo misma.

Así era también en lo académico. Recuerdo que una vez llegué a mi casa con un "C" en la escuela y me regañó muy fuerte. Me dijo: "A esta casa no vuelvas a regresar con una "C". O sacas una "A" o sacas una "F". Tienes que ser la mejor de las mejores o la mejor de las peores. Cualquier cosa menos ser mediocre". Es una lección que se me quedó para toda la vida.

P: *Para muchas mujeres, es difícil aceptar desafíos cuando no se sienten 100 por ciento listas para esa responsabilidad. ¿Qué recomendaciones tienes para las mujeres que rechazan oportunidades porque no se sienten preparadas o con experiencia suficiente?*

R: Que tengan el valor de enfrentarse a sus propios miedos. La vida de por sí a veces nos coloca obstáculos… ¿por qué nosotras vamos a contribuir a complicar las cosas imponiéndonos limitaciones? Por supuesto que a todos nos da temor lanzarnos a un reto desconocido, pero esos miedos hay que aprender a dominarlos. Uno crece cuando uno mismo se empuja a sobrepasar los límites de lo cómodo y seguro. Es la única forma de llegar lejos. Cuando a mí me surge un reto, no me doy permiso a titubear. Me lanzo al agua sin pensarlo mucho y siempre salgo a flote. Uno siempre encuentra la forma de salir adelante. Sólo hay que fomentar la fe en uno mismo.

P: *¿De qué manera has aprovechado tus características latinas para tener éxito en el mercado general norteamericano y aparecer por ejemplo en NBC o en el canal de American Airlines que produce esta misma cadena?*

R: Yo digo que en vez de *crossover* yo hago el *criss crossover* porque tengo la ventaja de trabajar en ambos mercados simultáneamente. Es una maravilla poder navegar en esos dos mundos tan diferentes porque aprendo a conocer ambas audiencias y en el proceso aprendo de mí misma. Nunca me aproveché de ser latina para trabajar en la televisión en inglés pero una vez me ofrecieron hacerlo tuve bien claro que no podía fingir lo que no soy. Soy latina en mis manierismos, en mi acento y en mi personalidad. Nunca lo he explotado pero tampoco lo he minimizado.

P: *En una escala del 1 al 5 (donde 1 es el nivel más bajo), te consideras alguien:*

R: a. Que asume riesgos: −4

b. Competitiva: 5+

c. Ambiciosa: 3

Mi conclusión es que para ser competitiva hay que ser arriesgada. Pero la persona competitiva toma riesgos bien pensados. El peligro de la ambición es que te hace tomar riesgos innecesarios.

Este año, Sheryl Sandberg, Chief Operating Officer de Facebook se presentó en la ceremonia de graduación de Barnard College, un renombrado colegio de mujeres dentro de Columbia University. (Puedes verla aquí: http://www.youtube.com/watch?v=AdvXCKF NqTY) Durante la entrevista con Debora Spar, la presidenta de Barnard College, le pregunté qué consejo le daría a una mujer que está en la mitad de su carrera y ella citó unas palabras que Sheryl dijo durante esa presentación, y que también a mí, que la había visto por YouTube, me habían llamado la atención: "No te inclines hacia atrás, inclínate hacia adelante. Pon el pie en el acelerador y déjalo allí hasta el día en que tengas que tomar la decisión y recién en ese momento toma la decisión. Es la única manera en que cuando llegue ese día tengas una decisión para tomar".

Sheryl se refería a que las mujeres toman algunas decisiones demasiado temprano en su carrera basadas en deseos futuros que están a muchos años de cumplirse. Por ejemplo, cuando a los veintípico de años y con unos pocos de recién graduada, una mujer decide no aceptar una trabajo que implica viajar porque está pensando que en unos años querrá tener hijos y que viajar le resultará complicado. En consecuencia, ¡rechaza la oportunidad cuando ni siquiera está de novia! De ahí que la COO de Facebook sugiera que en lugar de proyectar diez pasos para adelante, aceptes ese ascenso y cuando llegue el momento en que tengas hijos puedas decidir otra cosa. Pero en el ínterin, tu carrera continuó avanzando y no se quedó estancada por un plan que no pondrás en práctica por muchos años más.

Con esto en mente, es momento de preguntarte qué puedes hacer para expandir las oportunidades que se te presentan. De qué manera puedes obtener mayor visibilidad para que los ejecutivos y otros individuos que tienen el poder de ofrecértelas te identifiquen.

Cuando salió mi primer libro: *Cómo conseguir trabajo en los Estados Unidos*, me vi frente a una disyuntiva. Estaba interesada en dar talleres sobre este tema pero dada la naturaleza del tema mismo, recibía constantes pedidos de presentar por muy poco dinero o en forma gratuita en organizaciones comunitarias y bibliotecas. Y aunque hubiera querido ayudar a todo el mundo, la realidad era que tenía que ganar dinero para pagar mis cuentas y no lograría construir mi negocio donando todo mi tiempo. Decidí entonces invertir mi tiempo *pro-bono* en hacer segmentos en televisión y radio. Esto me permitía ganar visibilidad más rápido a la vez que beneficiaba con mis consejos a una audiencia mucho mayor. Y cumplía otro objetivo más: los clientes me venían a buscar porque me habían visto en televisión, en lugar de que yo tuviera que salir a buscar clientes.

Esta estrategia me funcionó muy bien y gracias a esa visibilidad es que he conseguido la mayoría de mis contratos en los últimos años.

Lo mismo se aplica para ti tanto si trabajas en una empresa como si tienes tu propia compañía. Cuando los de arriba (o tus posibles clientes) ven lo que haces y les gusta, te contactarán. Si no lo ven, o no saben que tú estás detrás de algún logro en particular, difícilmente podrán llamarte. De ahí que sea interesante que observes tu situación actual, y continuando con la idea de enfocar tu atención en tu intención puedas alinear ciertas actividades que le darán mayor visibilidad a tu talento y al valor que aportas a tu trabajo y a la sociedad en general. A veces, tu trabajo en la comunidad es lo que te hace más relevante para tu compañía; otras, es lo que haces dentro de la compañía en áreas que no están directamente relacionadas con tu trabajo del día a día. Y si estás pensando "Ay Dios, ¿todavía tengo que trabajar más de lo que estoy trabajando?", la respuesta es sí y no. *Sí* porque si no estás incluyendo algunas de las actividades que comparto aquí contigo, es probable que no estés explotando al máximo tus posibilidades de que otros te noten. Y *no* porque la idea es enfocarte en resultados y no necesariamente en trabajar más horas.

Por dónde empezar

Para darte a conocer, o dar a conocer tu trabajo, tu talento, tu potencial, hay varias estrategias de las cuales te puedes servir. Ahora, cuáles elijas o qué combinación de las diferentes estrategias decidas implementar tendrá que ver con tu propio estilo, tus propósitos, tu personalidad, y la flexibilidad horaria con la que cuentes.

Presentar

Ya hemos hablado de cuánto peso tiene en tus oportunidades futuras el hecho de que participes activamente en reuniones tanto de tu equipo como de comités y grupos más grandes. Que hagas escuchar tus opiniones y puedas expresar con argumentos válidos tu desacuerdo con otros puntos de vista. Para expandir tu marca por fuera de tu equipo e incluso por fuera de tu compañía, una de las estrategias que encuentro más productivas es presentar en conferencias y eventos especiales.

Claro que antes de hacerlo te sugiero que te prepares porque hablar en público suele ser una experiencia estresante para mucha gente y si lo haces mal, es peor el remedio que la enfermedad. La idea entonces es empezar a hablar a grupos pequeños e ir aumentando de a poco tu audiencia a medida que vas ganando confianza en ti misma. Tal vez hacer presentaciones en alguna escuela secundaria o universidad local donde puedas inspirar a los estudiantes a continuar con sus estudios, o hablar de tu profesión, te permita foguearte sin "quemarte" delante de tus colegas. Lo otro que puedes hacer es afiliarte a algún grupo local de Toastmasters International (www.toastmasters.org) para desarrollar tus dotes de presentadora pública. Allí te darán las bases, te permitirán practicar sin juicios de valor y te ofrecerán retroalimentación para que vayas mejorando tu desempeño.

Si eres introvertida o tímida, o si simplemente no te interesa ponerte en la situación de presentar en público, una buena alternativa podría ser que prepares *webinars*. Es decir, seminarios que se puedan dar por Internet. De esta manera, tú estás sola frente a la computadora y la audiencia te ve pero tú no los ves a ellos. Como estos seminarios se pueden archivar, te permiten compartir tu sabiduría, experiencia y puntos de vista con un gran número de personas sin necesidad de que estés presente físicamente todo el tiempo.

Dónde presentarte

No te faltarán oportunidades de presentar. Pero mi propuesta no es "presentar por presentar" sino elegir estratégicamente en qué conferencias o eventos internos y externos vale la pena hacerlo. Para eso, siempre es oportuno preguntarse:

> ➢ cuál es la audiencia que me interesa beneficiar
> ➢ cuál es la audiencia que me interesa que me conozca
> ➢ quiénes organizan el evento y cuál es la reputación del mismo
> ➢ qué costo/beneficio tiene este evento en particular

Si tienes frente a ti tus hojas de planificación con tus objetivos, será más fácil responder estas preguntas ya que la respuesta a cada una de ellas depende de cuál es tu propósito. Por ejemplo, si eres una experta en finanzas pero tu objetivo es que te inviten a participar del Consejo de Diversidad de tu compañía, porque consideras que esa labor te dará la visibilidad que buscas, tal vez te convenga presentar en conferencias de Diversidad a las cuales asisten gerentes y ejecutivos de Recursos Humanos, Diversidad e Inclusión, y Desarrollo de Talento tanto de tu empresa como de otras. Allí podrás conocer algunos jugadores claves de este espacio pero lo que es más importane, ellos te notarán a ti. Si haces una buena labor, eso inclina las posibilidades a tu favor.

Pero dado que hay tal cantidad de conferencias de cada especialidad, no está de más explorar cuáles tienen buena reputación y cuáles están mal organizadas, y no sólo no cumplen con los horarios pautados sino que los panelistas no aparecen, y los presentadores principales que figuran en el calendario nunca confirmaron. Este tipo de evento no atrae a la mejor calidad de gente pues la voz corre rápido y esas personas dejan de ir. Lo mejor es usar tu red de contactos para obtener recomendaciones de conferencias donde valga la pena participar.

Cómo participar

Te diría que la manera más fácil de empezar es ofrecerte internamente para presentar en eventos que organiza tu propia compañía u organización. Si tienes tu propio negocio o trabajas en una empresa más pequeña, explora oportunidades en la cámara de comercio local, organizaciones sin fines de lucro pequeñas o medianas, distritos escolares o universidades que organizan días de carreras profesionales para inspirar a los estudiantes, y el capítulo local de organizaciones profesionales de las que seas miembro.

Hay algunas conferencias que emiten RFPs (*Request for Proposals*) es decir que solicitan propuestas de presentación que son evaluadas por un comité. Estas suelen ser las conferencias más competitivas pero a veces también bastante políticas ya que deben priorizar las presentaciones de sus patrocinadores. En otras, sólo puedes presentar si tu compañía patrocina el evento. Y en otras, si conoces a los organizadores puedes proponerles un tema relevante. Esto mismo ocurre en las conferencias más chicas o locales donde a menudo necesitan buenos oradores que no cobren. Si asiste la audiencia correcta puede ser un lugar perfecto para empezar.

Como de costumbre, la mejor manera de entrar es por medio de tu red de contactos. ¿A quién conoces que te puede recomendar para presentar en la conferencia que te interesa? Y si aún no conoces a nadie, enfoca hacia allí tu atención para desarrollar contactos. Y no dejes de lado las redes sociales que pueden funcionarte estupendamente bien en este caso.

Liderar grupos de empleados y otros comités

Siempre que hablo con estudiantes secundarios o universitarios les insisto en que no importa qué tema les interese, en qué club se metan, a que organización se afilien, no sean meros participantes sino que asuman posiciones de liderazgo.

Lo mismo ocurre a nivel profesional. Los líderes de estas organizaciones son las personas que están más expuestas. Sus nombres aparecen en las minutas de la reunión, en emails y otras comunicaciones, pero además, se ponen en contacto con ejecutivos a quienes reportan su progreso, conocen oradores y patrocinadores (en este caso, individuos que ponen dinero para el evento) a los que invitan a sus conferencias y adquieren conocimientos en múltiples áreas que luego pueden ser aplicados en su trabajo cotidiano.

Cada vez es más común que en las grandes empresas existan grupos de empleados llamados de diversas maneras. En inglés: Employee Resource Group (ERG), Employee Business Group (EBG), Affinity Group, Employee Network, etc. Dejando de lado los detalles que los distinguen entre sí, casi todos comparten el propósito de reclutar, retener y desarrollar empleados creando un espacio en que los empleados de la misma afiliación (raza, etnia, orientación sexual, generación, etc.) se sientan cómodos y puedan hacerse escuchar. En los últimos tiempos, y en parte impulsados por la gran crisis económica del 2008, se ha ido enfatizando cada vez más la necesidad de que estos grupos asistan en la generación de negocios para el grupo de consumidores que ellos representan. Así, el grupo de empleados latinos de una corporación puede ayudar a adaptar productos o campañas publicitarias al mercado latino. Por ejemplo, hace un par de años el grupo de empleados latinos de American Express ayudó a diseñar una tarjeta de regalos para Navidad especial para el mercado hispano. Se llamó "Felicidades" y en lugar del logo típico de American Express tenía una colorida ilustración.

Otro ejemplo, el grupo de mujeres (WEBB) de Marsh, una de

las compañía de seguros y asesoramiento de riesgo más grande del mundo, organiza eventos en Saks Fifth Avenue a los cuales invita a clientas y prospectos a socializar y luego hacer compras en el local cerrado exclusivamente para ellos, con un cupón de descuento. Durante estos eventos, en los cuales siempre hay un orador y al cual asisten los ejecutivos máximos de la empresa, refuerzan su relación con las clientas, lo cual ha derivado en gran cantidad de nuevos negocios.

Estos grupos te dan una enorme oportunidad de volverte más visible. Primero porque casi siempre tienen un ejecutivo que funciona como patrocinador (en este caso, un individuo que abre puertas y pone su reputación en la línea por sus protegidos), y segundo porque por lo general, se reportan al departamento de diversidad e inclusión, o sea que te da visibilidad con un departamento que está siempre buscando talento diverso de alto potencial para promocionar. Conozco numerosas mujeres (y hombres) que han desarrollado relaciones muy cercanas con sus CEOs por ser parte de estos grupos que sostienen reuniones periódicas con estos ejecutivos.

Son también un excelente recurso para expandir tu red de contactos ya que se generan fuertes lazos entre los líderes actuales de la organización y los pasados, entre líderes de diversos grupos de empleados e incluso de grupos de empleados de diferentes compañías. Actualmente hay consorcios de grupos de empleados en ciudades como Chicago y Nueva York que se reúnen de manera regular para contribuir a su mutuo desarrollo profesional. Ser parte de estas redes multiplica exponencialmente tu acceso a oportundidades tanto internas como externas.

Si en tu compañía no hay grupos de empleados o trabajas en un negocio más pequeño, puedes participar o crear otro tipo de comités. Puedes producir seminarios, galas, almuerzos, conferencias o cualquier otro tipo de evento que te ponga a la cabeza del comité organizador. Esta es también una muy buena opción si eres empresaria. Apoyar alguna causa que te interese por medio de un evento para recaudar fondos no sólo te da visibilidad sino que permite conectarte con personas con intereses afines. Puedes incluso asociarte con otros pequeños negocios para multiplicar el efecto de tus esfuerzos. El secreto siempre es el mismo, si estás en una organización, intenta asumir algún rol de liderazgo en lugar de quedarte solo como participante.

Claro que la pregunta que muchas mujeres se hacen (y las latinas aún más) es si vale la pena involucrarse en otra actividad que te sacará tiempo de tu familia. Y para muchas las respuestas es "no". Por ejemplo, Carla Dodds de Walmart U.S. dice: "Las mujeres tenemos tantos roles, tenemos la corporación y la familia y una junta directiva es una cosa más que hacer. Me pidieron que fuera directora de un grupo de empleados pero al final del día no me quiero comprometer a servir en una organización si no le puedo dedicar el tiempo correspondiente. Creo que cuando mi hijo esté en la universidad estaré mas dispuesta".

Como todo, dependerá de tu situación particular y de lo que quieras lograr. Lo importante es no ignorar que estas son entidades que te abren puertas en el camino y te permiten expandir el impacto y alcance de tu marca.

Apoya los objetivos de otros: Hazte mentora

He dedicado un capítulo entero para hablarte de las distinciones entre mentor, patrocinador, simpatizante y asesor para que puedas incorporar individuos que caigan en cada una de estas categorías a tu red. Ahora quisiera que pienses esas mismas distinciones para ti misma. Es decir, ¿a quién puedes funcionarle como mentora, patrocinadora, simpatizante y asesora?

Te habrás dado cuenta de que este libro no es sólo para ayudarte a ti en tu camino sino para prepararte a ayudar a las que vienen detrás tuyo. Mientras escribo, aprendo de mis entrevistadas y enseño a mis lectoras. Siempre es una cadena. Alguien me ayuda a avanzar un escalón y yo estiro la mano para ayudar a la que viene detrás. El problema es que muy a menudo esta cadena se rompe y nos quedamos colgando sin nadie que nos de una mano, sin nadie que nos explique cómo se pasa al próximo nivel, sin nadie que nos presente a la persona correcta o proponga nuestro nombre cuando están discutiendo una posible promoción.

Desafortunadamente, con frecuencia las que rompen esa cadena de asistencia y apoyo son otras mujeres. Te invito a que no seas una de ellas. A que no pienses que si ayudas a otra mujer habrá menos para ti, o que en tu empresa o industria hay lugar para un número limitado de mujeres. Esta mentalidad te impacta tanto a ti como a nuestro sexo y en lugar de expandir las posibilidades para todas, las reduce. Es mucho más productivo pensar que cuantas más mujeres haya en posiciones de toma de decisión, más normal será verlas allí, y mejor nos irá a todas. Verás que una vez que plantes este pensamiento en tu mente, tus acciones se alinearán y empezarás a ver resultados diferentes para las mujeres que te rodean.

Y para que incorpores este aspecto con igual seriedad que el que te compete a ti misma en la búsqueda de tus propios mentores, patrocinadores, etc., te incluyo un formulario para que anotes los nombres de las mujeres a las que vas a ayudar y qué rol jugarás en sus vidas.

Lo ideal es que incluyas cada una de las mujeres con las que estás relacionada profesionalmente y pienses en el rol actual que tienes en sus carreras. Luego puedes proyectar el rol que te gustaría tener en el futuro. Por ejemplo, en este momento mi relación con Sandra es de mentora informal. En el futuro me gustaría ser su patrocinadora. O, actualmente mi relación con Andrea es neutral. Somos colegas y nada más. En el futuro me gustaría actuar más activamente como su simpatizante. El asunto ahora es decidir qué acciones voy a tomar para efectivizar este nuevo rol. En el caso de Sandra, puedo empezar a hablar acerca de ella con otros ejecutivos que conozco y proponerla para algún proyecto que represente un desafío profesional. En el caso de Andrea, puedo ocuparme de hablar de ella con otros colegas y difundir algunos de los logros que ha obtenido a través de mis redes sociales.

Nombre	Mi relación actual es					En el futuro seré				
	N	M	P	S	A	N	M	P	S	A

N = Neutra; M = Mentora; P = Patrocinadora; S = Simpatizante; A = Asesora

Aunque te parezca extraño, ayudar a otras mujeres no es sólo una forma de retribuir lo que otros u otras han hecho por ti, sino que también contribuye a incrementar tu relevancia y visibilidad. Por un lado, estas personas a las que asesoras, aconsejas, guías y abres puertas se transforman en simpatizantes tuyas que continúan edificando tu reputación. Por otro, al apoyar proyectos de otras mujeres, y al ser patrocinadora de sus grupos, mandas un claro mensaje de liderazgo a los ejecutivos de tu empresa y sector. Es decir que dar una mano a las mujeres que nos siguen no sólo es lo que moralmente todas debemos hacer sino algo que te beneficiará de múltiples maneras a largo plazo.

Acepta proyectos que presenten un desafío

Como conversábamos en capítulos anteriores, las mujeres tienden a ser extremadamente cautas y prefieren no dar sus opiniones hasta no tener total dominio del tema, ni aceptar un proyecto si no se sienten 100 por ciento preparadas. Esta realidad es aún más evidente entre las mujeres latinas a quienes esta actitud les limita las posibilidades de crecer y desarrollarse. Es muy probable que esta reticencia y este miedo a decir algo incorrecto o a asumir un rol para el que no estés preparada estén conectados con esos mandatos precoces que has recibido y que apuntan a que debes ser perfecta. Mandatos que apuntan a que el margen de error que existe para ti como mujer es mucho menor que el que existe para los hombres. (Vemos esto confirmado a diario en las noticias cuando a las mujeres ejecutivas las sacan de sus puestos al cometer errores que son tolerados en hombres como parte del desafío de estar en posiciones de alto nivel).

El tema es que las mujeres exitosas, aquellas que salen adelante en su campo, logran modular el volúmen de esos temores y abrazar los retos que se les presentan aunque no estén 100 por ciento listas. Por ejemplo, Gloria Ysasi-Díaz, vicepresidenta de Cadena de Suministro de Grainger, dice: "Cuando empecé mi carrera, aceptaba trabajos donde el 70 u 80 por ciento era desconocido para mí. Ahora, por los años que tengo de experiencia, en general conozco un 50 por ciento de lo que voy a hacer cuando acepto un nuevo proyecto".

Para mujeres como ella, desconocer un porcentaje importante de lo que deberán hacer en su nuevo puesto de trabajo es la parte más intrigante del proyecto: les encanta el desafío y cuentan con su creatividad, recursos internos y con personas a su alrededor para llenar los espacios en blanco. Es que en realidad, la única manera de desarrollarte en el plano profesional es estar abierta a oportunidades donde puedas adquirir nuevos conocimientos y habilidades o donde puedas afinar las que ya tienes; donde puedas implementar las destrezas con las que cuentas en un nuevo ambiente; donde puedas romper los límites de lo conocido e inventar algo que no existía antes. Sobre todo, donde puedas ponerte en contacto con tus propios deseos, con aquello que te da satisfacción y explorarlo sin dejarte limitar por esos mandatos que quedaron inscritos en tu inconsciente desde muy temprano en tu vida y que tenían que ver más con los deseos de otros que con los tuyos.

La voz de la experiencia

"Durante toda mi carrera asumí puestos para los que sentí que no estaba 100 por ciento preparada. Tal vez sabía un 30 por ciento de lo que tenía que hacer pero sabía que con esfuerzo y dedicación saldría adelante y aprendería el otro 70 por ciento necesario para tener éxito. Creo que tiene que ver con la cultura argentina que te enseña a lanzarte, y hasta ser un poco caradura para sobrevivir. Y también con la mentalidad positiva de que si tienes las ganas encontrarás la forma (*where there's a will there's a way*). Claro que no me lanzaría a algo de lo que no sé nada, no haría algo dentro del rubro de la ciencia aeroespacial porque no soy científica. Pero si se trata de algo comercial que requiera el conjunto de destrezas que tengo, entonces acepto el reto. En el caso de que mi experiencia sea limitada, en el equipo para mí lo más importante es comunicar el nivel de experiencia con transparencia absoluta y también comunicar lo dispuesta que estoy a aprender. El tema es que naturalmente la mujer está muy enfocada en los detalles, es más cautelosa y perfeccionista. Necesita que todo esté perfecto antes de tomar un riesgo. Puede calcular las múltiples dimensiones en que puede llegar a terminar algo, al punto de demorar el inicio o de no tomar acción. En mi opinión, este perfeccionismo a veces nos juega en contra y tendríamos que ser menos calculadoras y usar esa capacidad para ver detalles dentro de los riesgos que estamos dispuestas a tomar", dice Carla Dodds, Senior Director Multicultural Marketing de Walmart Estados Unidos.

En los Estados Unidos (y también en el resto del mundo) la mejor manera de avanzar es ir involucrándose en proyectos que tienen cada vez mayor nivel de complejidad e ir asumiendo puestos de mayor responsabilidad. Si siempre te quedas haciendo lo que sabes hacer o lo que te resulta cómodo o fácil, lo más probable es que tu carrera se estanque. Además, hoy en día, el otro riesgo que corres es que si no avanzas no te dejen quedarte en el mismo lugar y te despidan. En una economía global tan competitiva, los empleadores de todo tamaño buscan los mejores empleados, esos que son creativos, resuelven problemas y levantan la mano para ofrecer su ayuda para sacar adelante proyectos en tiempo récord. Si trabajas por tu cuenta, te enfrentarás con una situación igual. Si no buscas nuevos negocios, si no incorporas nuevas tecnologías, si no aceptas hacer cosas que aún no sabes hacer del todo, tus clientes encontrarán a alguien que sí lo haga.

Entonces, así como te propongo que des tu opinión aunque no hayas sacado un doctorado en el tema, también te invito a aceptar ese proyecto que tu jefa te propuso y para el cual tendrás que estudiar un nuevo programa y conseguirte un mentor que te guíe en el procedimiento. Ten presente que si rechazas este tipo de propuestas y promociones, difícilmente te las vuelvan a ofrecer y de ser considerada alguien con alto potencial pasarás a estar en el grupo de los que aún no están listos.

Acepta movimientos laterales

A veces, lo mejor que puedes hacer para revitalizar tu carrera es capacitarte en un área diferente. Ya sea un aspecto de tu industria que desconoces, una función nueva, un mercado distinto o un cambio de sector. Este tipo de cambios suele ir acoplado con un movimiento lateral, que como explicaba Arturo en uno de sus Rincones, es una parte natural del camino que uno va recorriendo en su carrera.

La voz de la experiencia

Catherine McKenzie, Senior Producer de *Good Morning America* (de la
cadena ABC) explica que en su industria los mercados se miden por su
audiencia. "Es preferible cometer errores en el mercado número 65 y
no en el mercado número 1 porque la repercusión es menor y la gente
te perdona esos errores con mayor facilidad. Por ejemplo, si eres un
Productor de Noticias en Nueva York y quieres ser Director de Noticias,
acepta el trabajo de Director de Noticias en Carolina del Sur, adquiere
las destrezas necesarias, aprende todo lo que necesites aprender y en
su momento podrás volver a Nueva York".

Es bueno que estés siempre alerta y que no dejes pasar buenas
oportunidades porque implican mudarte a una ciudad más chica
por un tiempo, o aprender una nueva serie de destrezas. Estos movimientos pueden ayudarte a encontrar un nicho en tu industria
que desconocías y donde tus habilidades son valoradas, o como
dice Catherine, prepararte para regresar a la gran ciudad en la que
ambicionas vivir.

Como latina, lo que no debes perder de vista es que si no tienes
delineado un plan para tu carrera, aceptar movimientos laterales
puede convertirse en un hábito que te aleje de tus metas. Dada la
flexibilidad característica de la mayoría de los latinos, la lealtad a
nuestros jefes y colegas y la dificultad para decir "no", puede resultarte complicado rechazar las ofertas que tus jefes te hacen para
asumir roles que no adelantan tus objetivos. Por eso es interesante
que evalúes cada caso y lo converses con tus mentores y asesores.
Así podrás calcular el efecto de aceptar ese puesto lateral en el corto y largo plazo.

Continúa estudiando

Durante los últimos dos años, varias de mis amigas y colegas re-
gresaron a la universidad. Una sacó su Doctorado en Educación en

la universidad de Harvard; otra, su tercera Maestría en Educación; otra, su Maestría en Administración de Museos; otra su Maestría en Administración de Empresas; y otra, una Maestría en Diseño Digital. En tres casos, se trata de mujeres con hijos para las cuales fue un verdadero sacrificio encontrar tiempo para estudiar. Y sin embargo, consideraron que para crecer en sus profesiones debían obtener ese diploma adicional.

Si sientes que estás estancada en tu trabajo, o que te aburre tu actividad porque está por debajo de tu capacidad o porque no te resulta interesante, considera volver a estudiar.

Por un lado hay ciertos puestos a los que no tendrás acceso sin una Maestría, por otro es una buena manera de conseguir un aumento de salario pues la mayoría de las compañías reconocen tu esfuerzo con dinero. Pero además, puede ser una forma efectiva de cambiarte de función o incluso de industria. Supón que tienes una licenciatura en ingeniería y trabajas como ingeniera de sistemas en una compañía de comunicaciones. Al sacar un MBA puedes trabajar en posición gerencial en cualquier compañía donde apreciarán tu formación de ingeniera más tu capacidad de ver el panorama general.

Incluso, dependiendo del tamaño de la compañía, hasta es posible que te paguen los estudios. O sea, que no dejes de averiguar. Hay muchos programas de MBA Ejecutivos que duran un año y que muchas empresas pagan a sus empleados de alto potencial.

En el caso de las mujeres latinas, aunque estamos obteniendo mayor número de títulos universitarios que los hombres latinos, seguimos siendo muy pocas las que tenemos un alto nivel educativo y eso afecta nuestra participación en los más altos puestos de poder. Por eso, no sólo es crítico que tú continúes con tus estudios sino que inculques esta filosofía de continuar estudiando en tus hijas y otras mujeres con las que tengas contacto.

Y claro que antes de lanzarte a completar una maestría es buena idea calcular el impacto real que tendrá en tus oportunidades laborales. El otro día me contactó una mujer de 55 años que trabajó toda su vida en el area bancaria con un título de licenciada. Hace dos años que perdió su empleo y no consigue otro por más que ha ido a docenas de entrevistas. Como en las entrevistas le dicen —entre otras cosas— que es una pena que no tenga una maestría, ella cree que su mejor opción es sacar una maestría (aunque no tiene dinero para pagar sus estudios) y luego cambiarse a la industria de la salud en donde hay más trabajos. La realidad es que a su edad, difícilmente podrá amortizar la deuda en la que incurriría para pagar su maestría, sobre todo porque quiere empezar en un nuevo campo en el cual no tiene experiencia.

Si te encuentras en una situación similar, tal vez la mejor manera de reactivar tu carrera sea tomar cursos cortos, aprender alguna disciplina nueva, o agregar destrezas técnicas, estratégicas o de liderazgo a tu arcón de conocimientos.

La voz de la experiencia

Como venimos viendo a lo largo de estas páginas, a veces cuando estás lista para pasar al próximo nivel de tu carrera, te olvidas de hacer entrar en juego al tiempo. Catherine McKenzie, la Senior Producer de *Good Morning America* nos recuerda: "Uno no se da cuenta de lo difícil que es saltar del nivel intermedio al nivel ejecutivo. Hay menos posiciones disponibles y el proceso toma mucho tiempo. Eso implica que hay que mantenerse en contacto con la gente que te entrevista y tener paciencia porque cuanto más alto subís, más se tardan en tomar decisiones. Nadie te informa que para contratar un Vice Presidente van a entrevistar a un montón de personas, los candidatos van a pasar por una segunda y tercera entrevista y que luego el grupo se reunirá a hablar de los candidatos. Todo ese proceso toma meses. No es como cuando uno entrevista para un trabajo de menor rango donde esperas una respuesta en dos semanas".

Capítulo 13

El poder está en tus manos

A lo largo de las páginas de este libro, hemos recorrido juntas un largo camino al cabo del cual espero que hayas logrado:

1. Identificar viejos mandatos que hoy en día aún impactan tu autoestima, tus expectativas respecto de ti misma, y cada uno de tus actos verbales y no verbales.
2. Descubrir cuáles son tus sueños y el lugar que ocupa tu carrera dentro de tus prioridades.
3. Descubrir qué es el éxito para ti, es decir, cuál es tu salida personal, el camino que te dará mayor satisfacción y establecer objetivos profesionales que se alineen con tu definición de éxito y que, por ende, respeten tu propio estilo.
4. Incorporar nuevas distinciones en torno a las herramientas y estrategias que necesitarás para andar por ese camino de manera sólida.
5. Entender que está en tus manos modular los rasgos de tu personalidad (algunos de los cuales vienen dados por tu cultura) de acuerdo a las circunstancias y el contexto en el que te encuentras. Y saber que hacer este ajuste no implica dejar de ser quién eres sino darle prioridad a tus objetivos.

Me gustaría reiterar algo que comentó Arturo en uno de sus Rincones: a veces, darte por enterada de lo que quieres puede ser estimulante y frustrante al mismo tiempo. Por un lado, es maravilloso descubrir cuáles son tus deseos (versus cuáles son los deseos que otros tienen para ti) y poder ordenar tus acciones para acercarte a ellos. Por otro, a veces, cuando por fin descubres aquello que te dará satisfacción, aquello que te moviliza y te hace sentir viva, te asalta la frustración por el tiempo que has perdido y eso puede transformarse rápidamente en desesperación por obtener tus objetivos *ya* mismo. Si tienes esa sensación al concluir este libro, tómate unos minutos para reflexionar sobre mi propuesta inicial.

La vida es una jornada, no una carrera hacia un destino. Tu profesión es también una jornada y como tal debes disfrutar cada etapa, incluida esta en la que tal vez hayas descubierto lo que tanto buscabas, o lo que no sabías que te hacía falta para lograr tus metas. Nada de lo que hayas hecho hasta ahora está mal. A partir de ahora cuentas con nuevas herramientas y distinciones que hace unos días cuando iniciaste este camino no tenías. (Y lo mismo deberías considerar cuando lees cualquier otro libro de autoayuda, cuando asistes a un curso, o cuando tienes una de esas charlas reveladoras con uno de tus mentores).

Uno hace lo que puede cuando puede con lo que tiene. Es decir, no todos estamos listos para crecer al mismo tiempo, de la misma manera o usando los mismos métodos. Tampoco todos buscamos los mismos resultados y por eso mi insistencia en que tu camino es absolutamente particular y en que evites andar por los senderos que otros marcan para ti. Es por eso que te sugerí que tomaras de las historias y experiencias personales de mis entrevistadas lo que te sirva y lo adaptaras a tus situación particular sin crear historias del tipo: "yo tendría que haber hecho esto o aquello".

Cada una de nosotras cuenta con recursos internos, preparación, educación, necesidades y emociones distintas. Al incorporar nuevos recursos y nuevas distinciones, se te abren nuevas oportunidades pero tú eres la que decide qué incorporar y cuándo. Cuándo avanzar y cuándo aceptar un puesto lateral que te permita expandir tu conocimiento en cierta área. En qué medida seguir las sugerencias de terceros y en qué medida escuchar tu propia voz.

Si sientes que ahora estás lista y encontraste la manera de llevar a cabo tus metas, no te desesperes. Planifica tu camino con las herramientas que encontraste en este libro y verás que en mucho menos de lo que te imaginas (pero probablemente un poco más de lo que tu ansiedad te demanda a gritos) tendrás el éxito que te mereces.

¡Buena suerte!

Epílogo

Mientras estaba terminando de escribir este libro, la revista *Crain's New York Business*, una publicación de negocios muy respetada en Nueva York, publicó su lista de las "50 Mujeres Más Poderosas de Nueva York" entre las cuales no figuraba ni una sola latina. 47 de las mujeres eran blancas anglosajonas, había una afroamericana, una china-americana y una india-americana.

Como vengo haciendo desde hace tiempo, le envié una carta a la editora pero esta vez decidí llevar las cosas a otro nivel. Como estoy cansada de que no me respondan este tipo de cartas escribí sobre el tema en mi blog, incluí una copia de la carta y envié el enlace a todas mis redes sociales y conocidos en los medios. FoxNewsLatino me pidió que escribiera una columna exclusiva para ellos y esa columna obtuvo tal visibilidad que me llamaron de varios canales de televisión incluyendo dos shows de CNN en español para invitarme a hablar de este tema.

Mi punto de vista es que los editores que compilan estas listas tienen una red de contactos muy homogénea y por lo tanto, la mayoría de las recomendaciones que reciben de su red sobre quiénes deben figurar en la lista son de mujeres blancas anglosajonas. Si piensas en quiénes tienes en tu red de contactos, es probable que un gran porcentaje de personas sean latinas que conocen a otros latinos. Si vives en Latinoamérica lo más probable es que tu red esté conformada mayormente por personas de tu mismo país, de tu misma clase social, e incluso de tu misma ciudad/provincia/estado.

Es decir que este problema de socializar mayormente con individuos de nuestro propio grupo étnico y racial no es exclusivo de los anglosajones. Todos tendemos a hacer lo mismo porque es lo que nos resulta fácil o nos queda cómodo.

Por eso, las latinas que no están en la lista también tienen parte de la responsabilidad por no darse a conocer en círculos de poder anglosajón. Mientras sigamos presentando exclusivamente en conferencias latinas, asistiendo sólo a eventos latinos, afiliándonos únicamente a asociaciones latinas, etc., no lograremos expandir nuestra esfera de influencia.

Por otro lado, hay publicaciones latinas que sacan sus propias listas de los latinos más influyentes, pero esta separación de listas implica que los latinos sólo influyen y lideran a otros latinos y no a la sociedad en general. Pero es fácil ver que los diseños de Carolina Herrera son apreciados por mujeres de todas las razas y etnias; la ministra estadounidense del trabajo, Hilda Solís, tiene poder sobre la política laboral nacional de los Estados Unidos y los votos de la juez de la corte suprema Sonia Sotomayor inciden en las leyes que rigen a todo el país.

Para mucha gente esas listas son frívolas, intrascendentes o digitadas y más de una lo es. Pero eso no quita que los que figuran en ellas obtienen publicidad gratis y luego usan el haber aparecido allí para promocionar sus compañías y sus carreras. Este tipo de visibilidad atrae más oportunidades y por supuesto, más visibilidad. Es decir, que aunque te parezca que la gente entra a esas listas por contactos, lo cual en muchos casos es absolutamente cierto, tú tienes que conseguir los contactos para que, si mereces figurar en una lista determinada, aparezcas. Para que el círculo de influencia que rodea a los editores y productores que arman este tipo de compilaciones sepa de tu trabajo y de tu liderazgo y te incluya.

Porque el otro grave problema que veo con la ausencia de latinas en listas como la de Crain's New York es que esa ausencia manda el mensaje de que no hay latinas calificadas para figurar allí. Y eso no puede estar más lejos de la realidad. El hecho de que los editores las desconozcan no quiere decir que no existan. Sin embargo, cuando los millones de lectores leen esos cincuenta nombres, ven las fotos y no ven nada de diversidad, la conclusión inmediata es: "Bueno, no debe haber ninguna latina líder en Nueva York".

Como te decía en el capítulo "*Networking* esa palabra milagrosa", no es fácil salir de los círculos en que nos movemos para penetrar otros. A mí muchas veces me cuesta convencer a los productores de los medios anglosajones de que estos son temas que le interesan a todo el mundo y que ameritan ser discutidos en sus programas. De lo contrario seguimos hablando entre nosotros, en una conversación que no tiene tanto impacto como podría. También me cuesta que me inviten a presentar en conferencias del mercado general y no sólo aquellas destinadas a hablar de diversidad laboral. Y que me inviten a hablar de cualquier tema —desarrollo profesional, mujeres en el mercado laboral, etc.— y no solamente a hablar de temas latinos. El hecho de que soy latina tiene la ventaja de que mi punto de vista será distinto al que ofrecen presentadores no latinos, pero no significa que sólo puedo hablar de temas que le interesan a este grupo.

Esta constante lucha por no autosegregarme es algo que tengo siempre presente y te invito a que lo consideres en tu búsqueda por expandir tu esfera de poder e influencia. Es hora de asumir la responsabilidad que nos compete a cada una por su carrera, por el progreso de las mujeres y de la comunidad hispana tanto en los Estados Unidos como en el resto del mundo. Las mujeres latinas tenemos un rol muy importante que jugar en este nuevo desafío. ¿Qué estamos esperando?